# 62條離經叛道的成功祕訣

## 賈伯斯的叛逆哲學

## Steve Jobs

保持好奇 ╳ 勇敢拒絕 ╳ 海盜精神……
看賈伯斯的設計哲學、商業戰略與顛覆性思維，
谷底翻身創造商業神話！

郭曉斐 著

你的時間有限，別為世俗標準而活
拒絕平庸，追求卓越
**擁抱挑戰，成就獨一無二的自己！**

# 目 錄

序言　　　　　　　　　　　　005

1　為了改變世界而活　　　　　007

2　做你真正想做的事　　　　　039

3　成功不存在捷徑　　　　　　075

4　像個初學者，保持好奇　　　105

5　與蘇格拉底聊天　　　　　　137

6　創新是領袖和信徒的區別　　165

7　勇敢拒絕　　　　　　　　　203

8　來自失敗的成功　　　　　　233

## 目錄

9　勝敗之差　　　　　　　　　　255

10　時間有限,為自己而活　　　　269

跋　　　　　　　　　　　　　　　299

# 序言

賈伯斯，一個像搖滾明星一樣的商界狂人，一個勇於顛覆、追求創新的傳奇人物。他的一切比任何虛構的小說更精彩，他的忠告是叩動心靈之門、打開成功之路的金鑰匙。

他想做什麼就開始行動；他追求完美便能創造完美；他答應回歸「蘋果」，便不計金錢與利益，帶著責任感重振「蘋果」之威，重現商業傳奇。在某款新產品即將出爐的最後一秒，他說：「難道不能做到最好嗎？」於是一切推倒重來。

在他眼裡沒有任何人、任何力量可以制約他的行為；在他心裡從沒有過「束縛」二字。他的一切行動都始於內心的直覺，他是個勇於跟著直覺走的人，是個勇於承認內心並將內心的一切最大限度變成現實的人。

在你的內心深處，一直都有那種充滿豪情的創業夢想吧？你也想用無盡的熱情和力量改變世界吧？那你開始行動了嗎？

誰都有美好的夢想，但想要實現自己的夢想，需要的是做事的決心和勇氣。大多數人在面臨選擇的時候，總是讓現實凌駕於真實的內心之上。或者你有些勇氣，走過了現實的第一張網，跨過了現實的第二張網，卻再也無力超越現實的

## 序言

第三張網。世俗的眼光、從古至今形成的規矩最終成了阻止你前進的障礙。

在賈伯斯眼裡，從來就沒有什麼規矩，他也從不介意別人如何看他，這個世界上只有他自己，然後就是他的夢想，想要做什麼，只管盡力去做好了，其他一切都與他無關。這種心態，這種超越世俗的大氣磅礴，讓他成為引領潮流、改變世界的一頭雄獅。

人生本就短暫，如果生命被規矩束縛，到了而立之年仍然瞻前顧後、不敢行動，那麼你最終留給世界的將是一聲長嘆。別那麼循規蹈矩，別那麼束手束腳，夢想的價值在於行動。像賈伯斯一樣行動起來吧！

內心敏感、不受約束的賈伯斯給予我們的除了成功的經驗和方法外，更多的是他顛覆的勇氣、敏銳的商業意識和果敢的行動力，他的產品不是依託市場而生，而是靠打動人心來震撼世界。

本書透過對賈伯斯的性格、商業意識、行動力的側重著筆，告訴年輕人在積極奮進的人生路上，不要循規蹈矩，要有勇氣將自己最獨特的優點以某種產品為載體展示給世界。不要只做追隨者，要成為感召人心、影響世界、改變世界的商界豪俠和財富之神。

# 1 為了改變世界而活

任何人都能讓世界變得更美好,生命的價值會因這份美好而得到最大化的彰顯。

## 1　爲了改變世界而活

### 生命的點滴可以串連成奇蹟

　　一定要對自己正在做的事情有堅定的信念,並努力去完成。當你走過,你會發現,正是這點點滴滴的事情鑄就了生命的奇蹟。

　　曾經在網路上看到過「大眾銀行」一則感人的廣告——《人為什麼活著》。廣告裡講述了5個平均年齡在81歲的不老騎士,5個人,1個重聽,1個得了癌症,3個有心臟病,每一個都有退化性關節炎。6個月的時間準備,騎摩托車環島13天,1,139公里,從北到南,從黑夜到白天,只為了一個簡單的理由——讓自己的人生更精彩。

　　活著到底為了什麼?我們每個人都有自己的答案:為了一個人,為了一件事……但是無論為了什麼,我們都應該堅信,只要活著,生命裡的點點滴滴串連起來就會變成一個讓我們自己都難以置信的奇蹟。

　　1955年2月24日,加州舊金山,一個健壯的男嬰呱呱墜地。然而,這個可愛的男嬰卻是個私生子,他的母親是個未婚媽媽,還在一所大學裡讀研究所,沒有能力撫養這個孩子,於是她決定把這個孩子送到一個家境比較好的人家撫養。本來有一對家境殷實、受過良好教育的律師夫婦決定收養這個孩子,可是臨到最後一刻,這對夫婦改了主意,要收

養一個女孩,於是這個男嬰又被決定送給其他人家。

舊金山有一對夫婦非常願意收養這個男嬰,在此之前十多年他們一直想收養一個嬰兒而不能得。但是,年輕的未婚媽媽堅持自己的孩子應該由受過大學教育的夫婦收養,而這對夫婦從未進入過大學,且收入不高,所以她拒絕在領養協議上簽字。不過,這對夫婦沒有放棄,他們一再向這位未婚媽媽表示他們的誠意,保證他們會善待這個孩子,並承諾將來一定把這個孩子送進大學。

年輕的未婚媽媽被這對夫婦的誠意打動了,最終,她同意這對夫婦帶走了她的孩子。

這對夫婦就是保羅・賈伯斯(Paul Jobs)和克拉拉・賈伯斯(Clara Jobs),而這個男嬰就是大名鼎鼎的蘋果之父——史蒂夫・賈伯斯(Steve Jobs)。

賈伯斯從小就愛搗蛋,為了惡作劇,他早上4點就從床上爬起來了。鄰居汽車輪胎裡的氣,常被他偷偷放掉,當看到鄰居為癟掉的輪胎急得跺腳而又無可奈何時,他就高興得拍手大笑。他的好奇心非常強烈,有一次為了知道殺蟲劑是什麼味道,他和小朋友們竟溜到醫院裡試圖拿來嚐嚐。他還喜歡把髮夾插到電源插座裡,因為這樣可以產生一種刺鼻的難聞氣味。

在學校裡,小賈伯斯也很另類,他不太合群,喜歡一個

## 1 為了改變世界而活

人躲在角落裡發呆。而且他也不好好聽課,總搞些小動作,老師訓斥他時,他就立刻站起來跟老師頂嘴,他也不做老師布置的家庭作業。他是如此頑劣,以致學校認為他不可救藥,幾次勒令他退學。

但到小學四年級的時候,情況有了改觀。一位叫伊莫金·特迪·希爾(Imogene "Teddy" Hill)的女老師影響了他,這位老師花了一個月的時間來了解小賈伯斯,並積極鼓勵小賈伯斯努力學習,有一次竟說如果他能完成作業,就給他 5 美元。小賈伯斯的學習熱情就這樣被激發出來了。

17 歲時,賈伯斯進入了位於太平洋沿岸奧勒岡州波特蘭市的里德學院。里德學院以崇尚自由思想而著稱,這也是賈伯斯選擇它的最重要理由。不過,里德學院的學費非常昂貴,普通家庭很難承受。但是,賈伯斯執意要進入里德學院學習,其他的大學一概不予考慮。賈伯斯夫婦雖然不太情願,但迫於賈伯斯的堅持,同時也為了兌現當初的諾言,他們只得傾盡所有積蓄把賈伯斯送進了里德學院。

但是,6 個月之後,賈伯斯發現自己完全不知道這樣念下去究竟有什麼用。大學的課程索然無味,他找不到人生目標,也不知道繼續在大學待下去對自己有何價值,於是他決定退學。不過,儘管賈伯斯退了學,學校仍默許他住在學校裡,任他旁聽自己喜歡的課程。

賈伯斯對藝術非常感興趣，對美也有驚人的直覺，那種美的享受令他心醉神迷。正如他後來所說：「那是一種科學永遠無法捕捉的充滿美感、歷史感和藝術感的微妙，這太有意思了。」他經常去旁聽書法課程，希望自己可以習得一手漂亮的字。

10年之後，在進行第一款麥金塔（Macintosh）電腦的設計時，賈伯斯當年所學的書法藝術全派上了用場。「自從Windows系統抄襲了Mac以後，所有的個人電腦都有了這些東西。」賈伯斯後來說道。如果賈伯斯沒有退學，就不會去旁聽書法課程，那麼今天的個人電腦可能就不會有如此出色的版面功能了。

當然，賈伯斯在里德學院旁聽書法課程時，不可能預見到未來某一天就會用到這些東西。可是10年之後回頭看，那些曾發生在生命中的支離片段，其實有著內在的必然連繫，把它們一個個穿連起來，就形成了一條清晰的生命軌跡。

實際上，沒有誰可以預見未來會發生什麼，也不可能知道自己現今所學的東西能否為自己帶來實際價值。這些東西的價值只有時間可以驗證，只有當我們回頭凝望所走過的路，把那曾經發生的點點滴滴穿連起來後，才能找到答案。

## 1　為了改變世界而活

> 你知道生命中有什麼使命嗎？

　　1971年，美國大部分大學正在爆發著激烈的校園運動，加州大學柏克萊分校內，催淚瓦斯在整個校園瀰漫，暴亂的學生們四下逃竄。不過，在一塊草坪的樹蔭底下，一個長頭髮、大鬍子、身穿藍色牛仔褲的年輕人，卻冷眼旁觀著這一切，並對身邊同樣外表邋遢的朋友史蒂夫・沃茲尼克（Stephen Wozniak）不屑地說道：「我們才是真正的革命家。」

　　說這話的人正是賈伯斯，不過，那時沒有人知道，這個長頭髮的嬉皮，日後竟塑造了整個人類的數位生活，他的確稱得上一個「真正的革命家」。賈伯斯出生時，正趕上1950年代的美國嬰兒潮，青少年時期正值「新左派」運動，「反主流文化」正在成為美國1960年代的主要政治和文化特徵，這對賈伯斯產生了深刻影響。

　　「新左派」追求的是更為平等的社會新秩序，而嬉皮則玩世不恭，不願受到任何拘束，這兩股思潮彙集到一起，就是年輕的賈伯斯的價值泉源。他想打破舊世界的陳規陋習，建立自己心目中的理想世界。

　　但這一切談何容易！一個人很難扛過世俗的偏見，他不得不忍受孤獨、寂寞和外界的冷嘲熱諷，然而，賈伯斯堅

持下來了，並且實現了自己的理想，因為他把這當作使命來做。

正如賈伯斯所言：「我們生來就隨身帶著一件東西，這件東西指引著我們的渴望、興趣、熱情以及好奇心，這就是使命。」

如果一個人沒有使命、沒有內心熱愛的驅使，他就只能在人生的旅途上徘徊，永遠到達不了更遠的地方。在生活、工作中沒有使命感的人，通常都很不快樂，因為沒有使命的激勵，他們容易迷失方向和自我。

而找到了使命、擁有使命的人，則具有極強的主動精神，勇於真心投入並能做到無怨無悔。賈伯斯從來就不是一個被動等待的人，他積極主動地去尋找目標和任務，無論處在怎樣不利的情況下；他不是被動地去適應，而是主動地去研究所處的環境，傾盡全力做出一些有意義的、至關重要的貢獻，為了完成使命，衝過一道道關卡和障礙，享受勝利的喜悅，並在使命的驅使下走向更高的目標。

「保持飢餓，保持愚蠢」，這是賈伯斯最喜歡的一句話，因為這句話裡飽含著一個人對夢想的追求、對生命意義的探索，也是賈伯斯對「使命」的追逐所在。

《連線》(Wired)雜誌總編曾這樣評價賈伯斯：「賈伯斯不管做什麼事情都有一種使命感。與其他有信仰的人一樣，他

## 1 為了改變世界而活

對自己的工作充滿熱情,他對工作的專注使他經常對員工大喊大叫。」然而,很多員工都心甘情願被他訓斥,因為賈伯斯在工作中奔放的熱情感染了他們,那種對使命的追逐讓他們感覺他如此非凡。

回顧賈伯斯走過的路,跌宕起伏,有引領潮流的春風得意,也有被逐出蘋果的事業低潮,還有創業屢屢受挫的不如意,可是,事隔多年之後,正當賈伯斯的創業風生水起的時候,蘋果又向他發出了呼喚。此時的蘋果奄奄一息,蘋果的業績每況愈下,面臨著被收購的命運。然而,在賈伯斯回歸後,蘋果又變得新鮮可口了。如今哪一個年輕人不知道賈伯斯和他的 iPod 呢?

這就是使命的力量,是使命讓賈伯斯一路披荊斬棘,是使命一直支撐著他走到了今天。

一個心懷使命的人,他去工作不只是為了餬口、為了排遣時間、為了一己私利的生命歷程,也不只是為了張揚自我,而是為了擁抱使命,超越小我。這是工作的最高境界。

這個境界已經超越了自我成就感,將視角放在了工作對象上。比如一個醫學工作者技術精良,但如果他沒有心懷使命,那麼他完全可以漠視、拒絕暫時付不起醫藥費的病人。

一個擁有使命的工作者,一定有明確的原則,有自己堅定的信念,他會為了所從事的工作而放棄眼前利益,會寧可

犧牲自己的利益,也要堅決捍衛職業聲譽。

賈伯斯這樣說過:「我的目的並不是作為這個世界上最富有的人死去,而是每天晚上睡覺前想著自己和自己的團隊做出了非凡的事業。」當 iPod 誕生的時候,大多數人都只視其為一個單純的音樂播放器,可賈伯斯卻意識到這個產品的價值所在,他在 iPod 發表時表示:「一個小小的改變就可以讓世界更加美好。」

人有了使命感,即使在做一件在別人看來最微不足道的事情,也都會變得有意義。這正是賈伯斯苛求完美的原因所在。

那些心懷大使命的人,總是能夠創造出更大的價值,讓生命獲得更有意義的力量。所有想成就一番大事業、想獲得人生成功的人,必須確立自己的使命,並在工作中牢牢記住自己的使命,讓使命成為未來非凡的力量。

## 1　為了改變世界而活

> 如果可以當一個海盜，為何要加入海軍？

只有那些勇於打破常規的人，才能創出一番偉業，獲得自己想要的東西。

國外有一種「Think out of the box」（跳出框架想問題）理論。意思是說，如果一個人做事總是畏首畏尾，絲毫不敢跳出條條框框的限制，那這個人在上司的眼中也只能是一個中規中矩的人。這樣的人適合守業，但不適合開疆拓土，在晉升中難以做到最高的級別。只有那些跳出「box」的人，才能創出一番偉業，獲得自己想要的東西。

這種理論應用到賈伯斯身上再貼切不過了。賈伯斯從來都不會被「盒子」所局限，只要他想要的東西、想要實現的目標，他都會極力爭取過來，甚至會有點不擇手段。

本來，「麗莎計畫」由賈伯斯主導，但賈伯斯卻把整個公司攪得天翻地覆，員工們也怨聲載道。時任 CEO 史考利（John Scully）覺得再讓賈伯斯這樣搞下去，「麗莎計畫」極可能失敗，於是就藉著公司改組的機會，將賈伯斯趕出了麗莎專案組。

被踢出「麗莎計畫」後，賈伯斯非常憤怒，同時也有點受打擊。因為他失去了一個證明自己的機會。但是，賈伯斯沒

有難過多久,他很快又瞄上了另一個專案:Macintosh,即麥金塔。

麥金塔計畫本是蘋果一個高級工程師拉斯金(Jef Raskin)提出的,他計劃研製出一種小巧、廉價、操作簡便的電腦。不過,當拉斯金在董事會上提出這個計畫時,立即遭到了賈伯斯的極力反對。因為當時賈伯斯還在領導著「麗莎計畫」,他擔心麥金塔電腦會影響到麗莎的推出。後來,拉斯金回憶這個情形時說道:「賈伯斯非常憎恨我這個想法,他到處說這個計畫不行,還說這是世界上最笨的產品,絕對賣不出去。」

但是,現在賈伯斯想進入麥金塔專案組,很顯然,他不受歡迎。但董事會考慮到麥金塔專案只是個小專案,不是很重要,而且投入資源也不多,就同意讓賈伯斯進入麥金塔電腦研發組,以防他破壞公司其他重要的研究計畫。

但對賈伯斯來說,他加入麥金塔專案的目的就是為了將麥金塔據為己有,所以研發過程中的每個環節,他都要插手,試圖在其上刻上自己的烙印。這不可避免地要與拉斯金起衝突。

賈伯斯試圖將 Macintosh 更名為 Bicycle,這個企圖十分明顯,分明就是想讓 Macintosh 完全成為自己的「孩子」。不過,拉斯金並沒有把賈伯斯的挑釁放在眼裡,其他成員也無

## 1　為了改變世界而活

動於衷。無人響應的賈伯斯只好放棄了這個想法。但賈伯斯並沒有放棄努力，在麥金塔的設計上，他處處都要發言，處處干涉拉斯金的想法。

在研發過程中，有工程師提出用「麗莎計畫」採用的68000微處理器替換6809E微處理器，賈伯斯立刻表示支持。不但如此，賈伯斯更是靈感突現，他覺得這樣做可以讓麥金塔更加方便地使用麗莎的一些技術軟體。雖然拉斯金表示反對，但最終還是妥協了。

嘗到甜頭的賈伯斯，更是進一步地從麗莎專案中掠奪關鍵技術和人員，通通應用到麥金塔團隊中來。對這樣明目張膽的掠奪行為，賈伯斯絲毫不以為意，反而得意揚揚地幫麥金塔的研發小組起了一個叫做「海盜」的名字。

賈伯斯對人說「參加海軍不如當海盜」，因為海盜可以肆意地掠奪別人的「財產」。在賈伯斯這一「光輝」思想的指導下，Macintosh的開發人員確實像海盜那樣，從麗莎電腦那裡掠奪了許多技術。

除了從麗莎電腦那裡掠奪技術，賈伯斯還要把自己的想法加在Macintosh電腦上，但他的想法與拉斯金的有很大差異，任何問題都能讓他們大吵一架，在他們辦公的地方經常能聽到兩人的爭吵聲。

賈伯斯認為，「廉價」絕不是蘋果的風格，那簡直是自降

身分去討好消費者，蘋果的產品必須「高貴而尖端」。但拉斯金走的是平民路線，他譏諷賈伯斯「不懂介面，只會包裝，把蘋果變成了一個外殼很漂亮的東西」。最後，拉斯金再也無法忍受賈伯斯的指手畫腳了，他寫了一封長達 4 頁的郵件給史考利，投訴賈伯斯的種種破壞行為。史考利將此郵件發給賈伯斯看，賈伯斯當場就哭了。不過，他當著史考利與拉斯金的面表示，他不能再和拉斯金共事。而拉斯金也不想再與賈伯斯一起工作，他提出了辭職，離開了蘋果，離開了麥金塔。

這一來正合了賈伯斯的心意，Macintosh 完全成了他的「孩子」了。他行事乖僻，公然鼓勵研發人員大膽做「海盜」，向海盜學習，不但要像海盜一樣瘋狂工作，更要像海盜一樣去盜取技術。為了強調「海盜精神」，賈伯斯還發給 Macintosh 的每個成員一件印著「海盜」字樣的上衣，十分醒目。甚至他還在 Macintosh 所在的辦公大樓上掛起了海盜骷髏旗。

在賈伯斯領導下的「海盜」團隊，以極大的熱情投入到了 Macintosh 的研發上。3 年後，1984 年 1 月 24 日，在戴安扎學院弗林特中心舉行的股東大會上，麥金塔電腦首次公開亮相。

這款電腦用「自己的」聲音向大家介紹說：「我非常驕傲地向大家介紹一位先生，他就像我的父親一樣，他就是──

史蒂夫‧賈伯斯。」

很多人都為拉斯金感到不平,因為他才是真正的 Macintosh 之父,然而,現在卻打上了賈伯斯的烙印。更可氣的是,這款電腦沿用的介面,正是拉斯金設計的圖形介面。可以說,賈伯斯將海盜風格發揮到了極致。

可誰又能完全指責賈伯斯呢?他做事向來不受所謂的社會甚至道德的拘束,這也是他獲得成功的一個重要原因。正如他自己所說,「參加海軍不如當海盜」。

也許,有時候,我們需要學習一下賈伯斯的海盜精神,不為世俗眼光所羈絆,大膽地去爭取成功的機會。當我們為實現自己的理想而備受挫折的時候,也許應該靜下心來反思一下──是不是把自己的思維定在了盒子裡面,我們是否需要一次突破?當「海盜」不失為一個成功的路徑。

## 帶著責任感生活

一個人責任感的強弱決定了他對待工作是盡心竭力還是保持渾渾噩噩的狀態，也就是說，責任感決定了一個人做事的品質。事實上，只有那些具有很強責任感的人，才有可能被賦予更多、更大的使命。

在兩年多的時間裡，賈伯斯帶領蘋果電腦公司走出了困境，讓蘋果又「紅」了起來。賈伯斯再次成為人們崇拜的偶像，因為他完成了一個幾乎不可能完成的任務，他拯救了蘋果，成為了蘋果的英雄。然而，好奇的人們不禁連連追問：賈伯斯為什麼能夠拯救蘋果？

對於這個問題的答案，責任感應該排在第一位。「我愛蘋果」，賈伯斯無論在什麼場合都如是說，他對蘋果的熱愛絕對不是對蘋果 CEO 這個位置的鍾情，只是因為這個位置能讓他更好地為蘋果做點什麼。

在拯救蘋果的過程中，責任感在賈伯斯身上體現得尤為明顯。那究竟什麼是責任感？愛默生（Ralph Emerson）說：「責任感具有至高無上的價值，它是一種偉大的品格，在所有價值中它處於最高的位置。」需說明的是，責任感與責任不同。責任是指對工作的一種負責和承擔，而責任感則是一個人對

## 1 為了改變世界而活

待工作、對待公司、對待社會的態度,是對自己要去做的事情有一種愛。

一個有責任感的員工,對於任務會力求做到盡善盡美,爭取將工作做到一百分,這種人將最終贏得尊重和榮譽,成就卓越;而一個沒有責任感的員工,他仍然可以按照要求完成任務,但是他只會做到六十分,他不會花額外的心思來將工作做到最好、更好。

比爾蓋茲曾對他的員工說:「人可以不偉大,但不可以沒有責任感。」責任感是一個人品格和能力的承載,也是一個人走向成功所必備的素養。

責任感是你戰勝困難的強大精神力量,它賜予你勇氣去排除萬難,甚至可以驅使你把「不可能完成」的任務完成得相當出色。如果缺乏責任感,即使是做最擅長的工作,你也可能會做得一塌糊塗。

「當我重返蘋果時,情況遠比我想像的糟糕。蘋果的員工被認為是一群失敗者,他們幾乎要放棄所有的努力。在最初的 6 個月裡,我也經常想認輸。在我的一生中,從來沒有如此疲倦過,我晚上 10 點回到家裡,直接上床,一覺睡到第二天早上 6 點,然後起床、沖澡、上班。」一切都是那樣糟糕,幾乎所有的人都在看賈伯斯如何慘敗收場。然而,賈伯斯沒有退縮,對蘋果的摯愛讓他勇往直前,他下決心要拚盡全力

來挽救蘋果，無論在別人眼裡蘋果是如何不可救藥。最終，他做到了。

賈伯斯為蘋果付出的一切遠遠超過了一個 CEO 的職責範圍，是什麼力量驅動著他這樣做呢？「我愛蘋果」，這是唯一的答案。

在帶領蘋果電腦公司走出泥沼後，蘋果電腦公司董事會許可賈伯斯購買蘋果 1,000 萬股普通股的股票期權，同時還贈送一架灣流飛機作為對賈伯斯的獎勵。所有人都認為這是賈伯斯應得的，因為在賈伯斯重掌蘋果的幾年裡，蘋果電腦公司的市值從 20 億美元不到一路飆升到了 160 多億美元，而為此嘔心瀝血的賈伯斯卻一直領取著 1 美元的象徵性薪水。

是什麼樣的精神讓他不計回報只去付出呢？是愛，是責任感。成功是對賈伯斯的獎賞，也更是對他那種偉大的責任感的獎賞。

**事實**上，只有那些具有很強責任感的人，才有可能被賦予更多、更大的使命，才有資格獲得更大的榮譽和成就。賈伯斯之前的幾任領導者也都是非常有能力的人，甚至在其他領域比賈伯斯還要出色，可是他們卻沒能拯救蘋果，他們缺少的正是那種責任感，那種忘我的愛。

這一點正是成功者和失敗者的分水嶺。成功者無論做什麼，都力求盡善盡美，任何細節都不會輕率疏忽，絕不敷衍

了事。蘋果為什麼這樣紅？因為賈伯斯追求完美，他會因為一顆沒達到要求的螺絲帽而毫不猶豫地開除一名能力出眾的工程師。

西方諺語說：「一盎司的責任感勝過一磅的智慧。」帶著責任感工作時，你可以累積更多的經驗，你可以在全身心投入中找到快樂。或許這種習慣不會有立竿見影的效果，但終將輝煌。而當懶散敷衍成為一種習慣時，人做起事來就會不誠實，粗劣的工作自然帶來粗劣的結果，人們會輕視你的人品。

當責任感成為一種習慣，成了你面對生活的態度時，你就會自然而然地擔負起責任，而不是被動地、刻意地去做，自然不會覺得麻煩和痛苦。當意識到責任在召喚你時，你就會隨時放棄別的什麼東西來負起責任，而且不會覺得放棄有多艱難。就像賈伯斯感覺蘋果需要他時，他立刻尋找機會返回蘋果，哪怕只領 1 美元的象徵性薪水，仍然每天工作 16 小時以上。

# 用正確的方式度過你的一生

Discovery 頻道裡有這樣發人深省的畫面：獅子潛伏已久，突然迅速展開攻擊，無數的羚羊驚叫、四處逃竄，但在獅子的眼中，只有牠最開始認定的那個目標。只見獅子疾馳飛奔，猶如閃電一般，死死咬住獵物的咽喉直到其死亡，然後牠開始美滋滋地享受牠的戰利品。

面對眾多羚羊，獅子完全可以去抓一隻離自己最近的，為什麼牠只是盯著一個目標不放？這是一種生存智慧。獅子懂得，再優秀的獵手也不能同時攻擊跑向不同方向的獵物，只有集中自己的精力去追趕一個目標，才能得到窺視已久的美食。這是其生存下去的唯一正確方式。

來看看有些人對待目標的方式吧：他們壯志滿懷，列了一大堆目標，卻朝三暮四，這山望著那山高，結果，分散了精力和時間，最後沒有一件事情做得精彩，都是淺嘗輒止，沒有任何能拿出手的成績。縱然這些人工作努力，甚至經常加班，但收效甚微。原因就是用了錯誤的方式去做事情，沒有集中精力和時間，沒有全神貫注去做好手頭的每一件事。

蘋果為什麼能夠在眾多平庸的廠商中脫穎而出？為什麼賈伯斯能成為「最受膜拜的 CEO」？這些與賈伯斯個人的鮮明

## 1　爲了改變世界而活

特點是分不開的。賈伯斯是一個完美主義者，雖然有些事情連狂妄的他也說「無能為力」，但他要把他所經手的每一件事情都「精雕細琢」。他看不起那些達到「及格」就滿意的人，只有「百分百」才是他的追求。可以說，賈伯斯完全是「沒有最好，只有更好」這一信條的忠實執行者。

從矽谷出發，沿著 101 高速公路向北而行，驅車半個多小時，就會臨近那座舉世聞名的城市 —— 舊金山。隨著這座城市的輪廓一點點接近分明，時尚的氣息猶如海風撲面而來，你體內的血液也會隨那逼人的繁華而加速奔騰。就在此時此刻，路邊一塊巨大的廣告牌會猛然攫取你的視線，令你震撼：一個青年熱舞中的黑色剪影，他的頭髮也隨之翻飛，如此奔放、狂野。在背景純粹的綠色與黑色的剪影之間，青年手中的白色小盒子和耳機細長的白線猶如點睛之筆，無比簡約、無比張狂，演繹著噴薄的熱情和不可一世的青春。

巨大的廣告牌上，沒有商標，也沒有一個字，但全世界的人都知道：那白色小盒子是 iPod，來自那個被咬了一口的蘋果。

誰的廣告能如此奔放、如此寫意，於瞬間掀起人心底的潮汐？透過這不羈的廣告，我們彷彿窺見了它背後那個不羈的靈魂人物。這個人就是賈伯斯，一個令人又愛又恨的天才，一個喜歡把每件事都做到精彩的偏執狂！

這正如賈伯斯自己所說:「人這輩子沒辦法做太多事情,所以每一件都要做到精彩。因為,這就是我們的宿命。人生苦短,你明白嗎?因此,這是我們為人生做出的選擇。我們原本可以在日本某個地方的某座寺廟裡打坐,我們原本可以揚帆遠航去環遊世界,(蘋果)管理層原本可以去打高爾夫,且他們也原本可以去掌管其他的公司,但我們全都選擇了在這輩子來做這樣一件事情。因此,這件事情最好能夠做得好一點。它最好能夠物有所值。」

因為人生苦短,所以人這輩子沒辦法做太多事情,因此每一件事情都要做到精彩。

如今,蘋果公司是一家市值突破 7,000 億美元的公司,但蘋果公司的主要產品卻只有幾十種。這一點令人感到不可思議,因為很多了不起的公司都會有超過上千種的產品,一個頂級的大企業竟然只有幾十種主要產品,這種事情過去幾乎沒有發生過。

相比之下,蘋果要專注得多。這是因為,賈伯斯擅長做減法。1997 年 8 月,蘋果電腦公司董事會正式任命賈伯斯為臨時 CEO。當下屬將產品目錄提交給賈伯斯看時,他的眉頭皺了起來。因為此時蘋果的產品線十分廣泛,從噴墨列印機到 Newton PDA(personal digital assistant,個人數位助理,移動電子裝置),大約有 40 種,而且這些產品中的一類又有多

個系列，每個系列又有十幾種型號，這些產品很少在市場中處於主導地位。賈伯斯花了 3 個星期的時間也沒搞清楚這些複雜產品型號之間的關係。他說：「如果連我都無法弄懂這一點的話，顧客怎麼可能弄得清楚？」

賈伯斯一向崇尚簡約，他下令削減產品線。於是，蘋果的產品一下子被縮減到了 4 種，NewtonPDA 被列為裁撤項目。NewtonPDA 是蘋果前 CEO 史考利的傾力之作，以致很多人認為賈伯斯是公報私仇。但對此，賈伯斯解釋說：「你們可能無法想像有多少人認為我們放棄研發 Newton 是一種不可思議的舉動。但是我一直在反思，PDA 真的那麼有用嗎？據我了解，一年前在很多地方，使用這種產品的人曾達到了 50%，但是現在已經減少到不足 10%。PDA 的興盛和衰落都是快速的。」雖然有很多人仍持有異議，但賈伯斯的觀點符合當時的技術趨勢，整個 PDA 產業確實隨後開始沒落了。

賈伯斯知道，同時做太多事情，那麼最後的結果是一件事情也做不好。必須將有限的精力投入到有限的事情中去，才有可能發揮一個人的聰明才智，激發一個人的創作靈感，只有將一件事情做到極致、做到精彩，才能做出成績，才能獲得成功。

在生活中，我們經常聽到有人抱怨，抱怨自己找不到合適的工作，抱怨自己沒有施展才華的機會，抱怨自己應該受

提拔而沒有被提拔等等。那你可曾問自己：為什麼會造成這個結果？自己集中精力做好一件事了嗎？外面的世界很精彩，我們每個人想要的都很多，想實現的夢想也有很多，但是，人這輩子沒法做太多事情，因為人生苦短，只有將有限的事情都做到精彩，才能做到以正確的方式度過一生。

## 1　為了改變世界而活

### 你不需要任何權威來評斷你的使命

　　研究顯示，有超過 50％ 的人工作起來不快樂。在這些人當中，很多人都做得很好，但他們做的卻是自己並不喜歡的事情。他們為什麼會這樣並不難理解。人們總是被各式各樣的決定所淹沒，無論是工作、事業、家庭，還是未來，周圍都會有人，如父母、朋友、師長，甚或是專家學者，為我們提供「寶貴」意見，那些在我們看來可能非常有意義的事情，可能會被他們看作無稽之談，沒有什麼價值。

　　在這樣的壓力下，我們可能就會放棄我們曾以為很有意義的事情，最終可能會把精力轉移到我們並不具備的才能上和並不適合的職業中去。許多人都會選擇做那些可能讓自己出人頭地的事情，而忘記問自己一些非常重要的問題。

　　你是否曾經坐下來認真想想你真正喜歡什麼？擅長什麼？你希望自己有什麼樣的成就？是什麼阻礙了你的道路？絕大多數人都沒有問過，他們只是接受了他們「應該」做什麼，而不是花時間弄清楚他們「想」做什麼。

　　而賈伯斯與我們大多數人恰恰相反，他是花時間弄清楚自己「想」做什麼，而不是「應該」做什麼，更不是誰來「告訴」他做什麼，哪怕你是權威也不行。當他認定了自己的使

命時,誰也別想干預他。

1996年12月20日,全球各大電腦報刊幾乎都在頭版刊登了「蘋果收購NeXT,賈伯斯重返蘋果」的重大消息。此時的賈伯斯,已不是當年被逐出蘋果時的落魄模樣了,他的皮克斯公司因為在第一部電腦卡通片《玩具總動員》中的勝績而名聲大振,之後他又將公司成功上市,其身家暴漲逾10億美元。而相形之下,蘋果卻瀕臨絕境,人們都認為它很快將成為歷史,誰也不能挽救它走向敗亡的命運。

但賈伯斯還是義無反顧地回來了。

《玩具總動員》的海報上大篇幅刊登了「賈伯斯於蘋果危難之中重新歸來,蘋果上下皆歡天喜地」的消息。就連蘋果時任CEO阿梅里奧(Gil Amelio)也在歡迎詞中說:「我們以最隆重的儀式歡迎最偉大的天才歸來,我們相信,他會讓世人相信蘋果電腦是資訊業中永遠的創新者。」賈伯斯重歸故里,完全是因為心中有使命。

然而,在如此時刻,卻有人對賈伯斯的回歸頗有些「嗤之以鼻」,這個人就是當時的世界首富比爾蓋茲。

1998年,《浮華世界》(Vanity Fair)雜誌的鮑伯・科林吉里(Bob Cringely)與當時的微軟執行長比爾・蓋茲有一段從來沒有公開發表的談話。有網站對此報導說,比爾蓋茲在那一次採訪中對科林吉里說:「賈伯斯設法再一次控制蘋果是在浪

費時間。我搞不懂賈伯斯為什麼還要擔任蘋果的執行長。他知道他不可能取勝。」

當然,比爾蓋茲有理由認為賈伯斯的使命是沒有價值的。當時,蘋果的股票交易價格大約是 7.25 美元,蘋果股票的市值約為 60 億美元。而微軟當時的股票交易價格是 29 美元,市值接近 2,500 億美元。從這個角度看,比爾蓋茲說的話很有道理,更何況比爾蓋茲是一個非常權威的人物,當時在場的人大都相信比爾蓋茲的話,認為賈伯斯的使命有點像飛蛾撲火,是自取滅亡,實在是「愚蠢的」舉動。

2011 年 6 月 3 日,股市收盤的時候,蘋果的市值剛剛超過 3,175 億美元,比微軟和英特爾的股票市值之和還多約 8 億美元。微軟的股票市值為 2,015.9 億美元,英特爾的股票市值為 1,152.1 億美元。

一個非官方的蘋果網路部落格非常自豪地稱,這是蘋果市值首次超過「Wintel」──微軟和英特爾組合。很長時間以來,人們一直用「Wintel」(Windows 和 Intel)解釋在英特爾處理器上執行微軟 Windows 作業系統的 PC。

誰會像賈伯斯那樣去經營自己的公司呢?人們用「魔鬼」、「暴君」、「偏執狂」等詞來形容賈伯斯時,就說明了人們對賈伯斯的不認同,在 1982 年《時代》(*Time*) 週刊的封面上,還年輕的賈伯斯不過被看作一個「愛冒險的亡命之徒」。

## 你不需要任何權威來評斷你的使命

但無論外界怎樣評價、怎樣挖苦嘲笑，賈伯斯都不改變或放棄自己的使命，他這樣說道：「你不需要任何權威來評斷你的使命，沒有任何老闆、老師、父母、牧師以及任何其他權威可以幫你來決定。你需要靠你自己來尋找這個獨特的使命。」

《時代》週刊的封面見證了賈伯斯堅持自己使命的歷程，也見證了蘋果的成長和賈伯斯一次次出人意料的翻身。但是，除了不可思議地看著蘋果公司在大把大把地賺著鈔票外，經濟學家、金融專家和投資分析師們還是不願意承認賈伯斯所做的一切屬於正統。這是為何呢？原來是因為賈伯斯絲毫沒有遵守「自由和開放才能帶來更新更好的東西」的正統邏輯，他的做法與亞當‧斯密（Adam Smith）所提倡的做法大相逕庭。《時代》週刊曾貶評「為什麼不能在戴爾電腦上執行 Mac OS X？好像回到了蘇聯時代！」但結果卻像《連線》所說的那樣：「蘋果成功了，賈伯斯成功了。」

賈伯斯的這些經歷啟示我們，違背所謂的「正統邏輯」未必就沒有好下場，你的使命你做主，你不需要任何權威來評斷你的使命，哪怕這個權威是比爾蓋茲。

## 1　為了改變世界而活

### 活著，就是為了改變世界

人來到這個世界上，不能就像一顆流星一樣，劃過之後痕跡漸漸淡去。既然來了，總要做點什麼，讓這個世界記得我們，要知道，你可以讓世界更美好一點。

2011年2月，一則新聞在全球引起軒然大波，美國一家八卦週刊透露，蘋果公司CEO賈伯斯僅僅剩下6周的生命。消息一出，蘋果公司的股票頓時下挫了幾個點。不過，好在美國總統歐巴馬舉行的私人晚宴擊破了傳言，人們看見賈伯斯正好好地坐在總統旁邊。

賈伯斯已經成為了一個神話。1980年代被自己創立的公司趕了出去，1990年代回歸原公司，在之後的10年間，他使這家公司的市值成長超過1,500倍，這些貌似傳奇小說的絕佳題材，恰恰就是真相。

更重要的是，賈伯斯不僅再造了這家公司，更革新了若干產業和人們的生活方式，換句話說，他改變了世界。就是那些不閱讀商業雜誌的消費者，也會津津有味地談論他的設計品味和蘋果獨特的行銷技巧。賈伯斯本人也曾自豪地聲稱：「iPod幫助全球數以百萬計的人重新點燃了對音樂的熱情，我們與有榮焉。」

的確,賈伯斯從一開始就知道自己會成為「改變世界的人」。

「活著,就是為了改變世界,難道還有其他原因嗎?」這是賈伯斯最著名的話。

蘋果已經成為了一個神話。它將一款電子產品變成了如同 LV 一樣的時尚單品,這是一種時髦,同時也成為了一種生活方式。對很多蘋果迷而言,很多時候購買蘋果產品已經不是一種單純的消費行為,而是帶有一種類似宗教信仰的膜拜。

相信以前所有的電腦和手機的傳統生產商都無法想像,有人為了能買上即將上市的最新款 iPhone,居然帶著帳篷、食物,提前一個星期就在其專賣店前排隊占位置。

賈伯斯重新定義了一個時代。

賈伯斯一手將數位消費產品變成了一種時尚,一種生活方式。iPod 開創了在網路商店裡購買、下載單曲的新型音樂銷售模式,人們可以透過 iTunes 下載音樂;iPhone 是一款革命性產品,將手指觸控用於智慧型手機,AppStore 上的應用程式下載量也很大;iPad 同樣讓人驚奇,它不僅是新一代個人電腦的先鋒和雛形,更關鍵的是,它影響、改變出版、媒體、影視等所有大眾文化內容的產業形式。

蘋果公司早已不是當年那個製造和販賣電腦的企業(雖

## 1 為了改變世界而活

然並沒有放棄),而是成為了全球最大的文化娛樂內容和數位內容的銷售平臺,在音樂界、影視界和出版界都有舉足輕重的地位,獲得了數以億計的支持者,賈伯斯,這一切的領導者,也因此當之無愧地成為人們心目中的英雄和偶像。

為何賈伯斯能改變世界、影響人們的生活?

因為「我們的目標從來就不是打敗競爭對手或賺錢,我們的目標是做盡可能不平凡的事情或更偉大的事情」。

曾就職於蘋果的廣告代理公司的肯.西格爾(Ken Segall,他後來為戴爾電腦服務),曾這樣說道:「戴爾和蘋果的文化截然不同。在戴爾,你要能夠應付各種事及各種數字。有人說蘋果的產品不會刻意去迎合市場,一點也沒錯。對蘋果而言,唯一要做的就是改變世界;而在其他公司看來,賺錢才是第一位的。」

蘋果不去考慮與別人的相容問題,也不去在意其他IT廠商的先進技術,它要做的就是竭盡全力為使用者做好的產品。不計成本地追求完美,這是賈伯斯的信念,也正是蘋果傑出設計的祕密。

簡單、易用是蘋果設計產品的信條和鐵律。為了達到這個目標,一個產品可能經歷了無數次的從頭來過。蘋果每個型號電腦的電源開關顯示的亮度與顏色都是經過精心設計的,連從外面看不到的電腦內部線路的排布也是令人賞心悅

目的。甚至在簡單的產品包裝上,也能體現出這種苛刻的宗美。賈伯斯說:「我們的理念是,消費者從箱子中拿出的第一塊盒蓋後,擺放著使用說明書、鍵盤和其他一些配件;再之後,消費者就能看到產品;看到產品後,消費者自然知道接下來該做什麼。」

這種包裝理念最終變成了知名的「拆包裝流程」,已經被推廣到整個 IT 產業的所有零售產品上。這又是一個改變世界的舉動。我們所熟悉的極簡化的 iPod 和 iPhone 包裝就是這種理念的延續。

在釋出 Macintosh 時,賈伯斯說:「有人說,我們應該將 IBM PC 放到美國的所有桌子上,這樣可以提升效率。這沒有一點用,因為 IBM PC 的文字處理程式 WordStar 的說明書足足有 400 頁那麼厚。也就是說,你要寫一本小說,就得先讀一本小說——而且這對於多數人而言,就像在讀天書。而 Macintosh 給你的感覺則完全不同,就像可以對著電話唱歌一樣。」

賈伯斯堅信科技的使命應該是用來幫助人性回歸、用來輔助傳統世界進一步人性化。無論 iPod,iPhone,還是 iPad,都遵循了這一設計理念,這些產品被設計成不需要使用者做出根本性改變就可以方便、舒適地使用的方式,而這種方式改變了人們的生活,改變了傳統世界。

## 1　爲了改變世界而活

　　英國曾有人這樣評價賈伯斯，十分中肯：「世界上幾乎沒有一個媒體交換產業是賈伯斯無法進入的。任何人都在猜測他接下來將會做些什麼。他影響了每個人的想法。換言之，他影響了世界。」

　　活著，就是為了改變世界。這就是賈伯斯的想法和做法。

## 2　做你真正想做的事

請跟隨內心的聲音,邁開自己前進的腳步,那一串串看似偶然的成功,不是奇蹟,而是你真實的自己。成為自己,做自己想做的事,你也能擁有這些「奇蹟」。

## 2　做你真正想做的事

### 把「夢想」貼到隨處可見的地方

人生由我們自己書寫，未來完全掌握在我們自己手中，生活的精彩由自己創造，只要胸懷大志，把夢想貼到自己隨處可見的地方，並願意為此付出艱辛的努力，就沒有什麼事情辦不到。

美國總統歐巴馬曾惹上一場麻煩，因為他對蘋果之父賈伯斯大加讚美，引發美國民眾的激烈爭議。在一次年終記者會上，歐巴馬肯定了賈伯斯在創新方面的貢獻，並稱「我們歌頌財富，我們讚美賈伯斯那樣的人」。

歐巴馬這一表白發生在當天的提問環節。當被問及美國中產階級和美國富人之間是否存在差距時，歐巴馬表示，中產階級的茁壯成長是美國的最大優勢：「每個人都有希望實現美國夢，我們應以此為目標。」並且，歐巴馬以賈伯斯為例指出，能夠製造出革命性產品的人發財是好事，這不僅有利於激勵人們創新，也是自由市場的體現。

但歐巴馬力挺賈伯斯的言論在部落格界引起強烈反響。知名網站刊文稱，從歐巴馬的話中可以看出，「美國夢」包括以下內容：低價組裝、高價出售；雇員「生不如死」；製造與現實脫節的個人崇拜以及「控制他人」。

可以說，自賈伯斯出道以來，一直就被負評包圍著，如果換成是一般人，可能早被這些刺耳的負評淹沒了，但賈伯斯卻是越戰越勇，什麼也阻擋不了他前進的腳步，因為他心中被夢想盈滿，他用自己的人生經歷充分詮釋了成功的關鍵所在：相信自己，永不丟棄夢想，把夢想貼到自己隨處可見的地方。

賈伯斯的人生歷經曲折，未出生時就已被生父遺棄，生母又因無力撫養將他送與他人，他的人生從一開始似乎就有點悲劇色彩。在成長的過程中，家境也不是太好，他曾經有一次在課堂上說：「我不明白我們家為什麼一下變窮了！」而且，賈伯斯性格孤僻、高傲、不合群，尤其是當他得知自己是被收養的孩子後，心靈受到了極大的打擊，一度萎靡不振。但他心懷夢想，決定做出一番事業，想以此來證明自己的價值。

當沃茲尼克出於興趣製作出第一臺個人電腦時，賈伯斯敏銳地意識到商機，並看到了從中實現自己夢想的可能，他試圖說服沃茲尼克與自己合夥成立一家公司，生產和銷售個人電腦。為了成立公司，賈伯斯付出了全部心血，他先是千方百計說服了沃茲尼克，又到處去找資金、找銷路，不管一件事在普通人看來多麼困難，他都會毫不猶豫地著手行動，主動出擊。

## 2 做你真正想做的事

「Apple II」大獲成功之後,賈伯斯信心大增,甚至勇於去挑戰電腦領域的藍色巨人 IBM。這是個驚世駭俗的舉動,要知道,在當時 IBM 幾乎相當於電腦的代名詞。但賈伯斯不信這個邪,他試圖用蘋果的 Macintosh 機去打破 IBM 對於電腦世界的集權統治。

然而,正當蘋果意氣風發之時,賈伯斯卻在他的而立之年,被打入了人生的谷底,「好像有人給了我當頭一棒」,他竟被自己一手創立的蘋果驅逐了。賈伯斯為人一向自負,甚至自大,凡事不甘人後,他喜歡去做別人以為做不到的事來證明自己的能力和價值,且有極強的操控欲。可是,他竟被自己一手創辦的公司給趕走了,這對於賈伯斯的打擊可想而知。

雖然被剝奪了在蘋果的地位和一切權力,但沒人可以剝奪賈伯斯心中的夢想,他決心證明自己,他相信自己,就算沒有蘋果他也能實現自己在電腦產業的夢想。

只要有電腦的地方,就有賈伯斯的夢想,每個電腦都「貼」著賈伯斯的夢想。他先後又擁有了自己的兩家公司,NeXT 和 PIXAR(皮克斯),儘管賈伯斯耗盡了心力,力圖發展最先進的電腦技術,但兩個公司沒有一個能實現盈利,反倒是他自己的錢被一點點地吸乾。他似乎走到了絕境。

這是個艱難的時刻,一次一次地失敗,大多數人都會對

自己的夢想發生動搖,對自己的選擇產生懷疑,但賈伯斯最終選擇了相信自己,無論遭受了怎樣的挫折和打擊,他都沒有丟棄自己的夢想。相反,這些苦難成了他人生最寶貴的財富,正如賈伯斯所說:「我敢肯定,如果蘋果當年沒有開除我,就不會發生這些事情。這服藥雖苦,但它卻成為日後蘋果這個『病人』起死回生的良藥。」

的確,這段艱難而又傳奇的經歷促使賈伯斯快速成長,讓他變得更成熟、更睿智,讓他明白僅僅擁有了最先進的技術是遠遠不夠的,還得考慮市場,考慮使用者需求。賈伯斯開始一步步地調整,完善自己對於市場的認識,調整公司的發展方向和策略。在賈伯斯的大膽嘗試下,皮克斯與迪士尼有了第一次合作,而《玩具總動員》的成功,讓賈伯斯再次品嘗到了成功的喜悅。

但是這個成功的過程是何其漫長和痛苦,賈伯斯忍受了巨大的壓力才等到這一天。然而也正因為如此,賈伯斯才成為日暮途窮的蘋果的拯救者。

賈伯斯回歸蘋果時,蘋果已早非當初鮮豔誘人的模樣,它是那樣暮氣沉沉,面臨著衰亡的命運。在外界看來,蘋果的輝煌已成為歷史,不可能捲土重來了。但在賈伯斯內心深處,他一直堅信自己且只有自己能有辦法讓蘋果起死回生,他是這樣想的,也是這樣做的。他對蘋果進行了大刀闊斧

的改革，向電子消費品領域進軍，並取得了絕對的輝煌。iPod，iTunes，iPhone，iPad，這些顛覆傳統的創新產品，不但實現了賈伯斯的夢想，也實現了蘋果復活的奇蹟，改變了人們的生活，正如賈伯斯所說「活著，就是為了改變世界」那樣，一個奇蹟永遠留在了人類歷史中。

　　世界上的事情永遠不是絕對的，結果完全因人而異。苦難對於天才是一塊墊腳石，對於能人是一筆財富，對於弱者是一個萬丈深淵。賈伯斯的人生經歷給我們上了最好的一課，無論在怎樣艱難的情況下，只要我們時刻牢記自己的夢想，將自己的夢想貼在隨處可見的地方，永不丟棄自信和夢想，把那些挫折化為前進的動力和經驗，終將獲得成功。

# 不要讓他人喧囂的觀點
# 掩蓋內心的聲音

不必因為別人說三道四而煩惱、生氣,由別人去說,我們要聽從內心的聲音,去做自己想做的事情,不能因為別人的非議就去改變或放棄自己的想法。

很多時候我們總是不自覺地陷於別人的評論之中。別人的一言一語都可能攪擾我們的心,損害我們邁進的勇氣。要知道,嘴長在別人身上,我們阻止不了別人的議論。我們唯一能做的,就是不要去理會這些「風言風語」。正如但丁(Dante Alighieri)所說:「走自己的路,讓別人去說吧!」

賈伯斯深深明白這個道理。他向來不管別人怎麼說,只去做自己想做的。

微軟早期曾為蘋果的 Mac 個人電腦開發軟體,微軟共同創始人保羅・艾倫(Paul Allen)那個時候就跟賈伯斯有過接觸,但也有不少的爭執。

在保羅・艾倫寫的回憶錄裡,對賈伯斯是一頓惡評。按照他的說法,賈伯斯就是一個十惡不赦的大渾蛋,不過,艾倫也有些無可奈何地說,賈伯斯自己從不在乎別人這樣看他。

## 2 做你真正想做的事

艾倫和比爾蓋茲第一次去加州觀看 Mac 的演示,當時,賈伯斯和 Mac 的核心工程師安迪‧赫茲菲爾德(Andy Hertzfel)坐在一起。不料,Mac 剛開機就當機了,這讓賈伯斯十分惱火。

艾倫在書中還原了當時的情景:「這是怎麼回事?」賈伯斯對赫茲菲爾德大聲吼道,「這就是我們給遠道而來的客人們所展示的東西?我們最多只能做成這樣嗎?!才 30 秒就動不了了!你是怎麼回事!」賈伯斯當著艾倫和比爾蓋茲的面,開始對赫茲菲爾德破口大罵。艾倫猜想,赫茲菲爾德也許為此次演示準備了一個晚上,可現在卻尷尬地希望找個地縫鑽進去。

多年後,當艾倫看完製作於 1999 年的傳記式電影《微軟英雄》(內容主要講述微軟和蘋果兩家公司的崛起和競爭)後,他又想起了這件事情。在這部電影裡,賈伯斯的形象被塑造成一個「卑鄙無恥的大渾蛋」。當艾倫再遇到賈伯斯時,就問他是否喜歡這部電影。賈伯斯滿不在乎地說:「我覺得扮演我的演員把角色給演活了。非常棒!」由此可見,賈伯斯從來不在乎(至少是表面上)人們對他的看法。

其實,賈伯斯向來如此。

1974 年夏天,19 歲的賈伯斯在一片詫異聲中向雅達利公司請了假,光著腳、穿著破爛衣服,去印度朝聖了。印度之

行讓賈伯斯開始思考很多問題,比如關於「我是誰」、關於如何遵從自己的內心。

從印度回來之後,賈伯斯在別人眼裡變得更怪異了,他整天穿著黃色外袍,剃著光頭,沉默寡言,待人冷漠。但無論別人怎麼在背後議論紛紛,或是當面勸告,都不能令他改變分毫。他只遵從內心的聲音。

在他早期開發 Macintosh 時,每當遇到難題,他總是帶著大家去靜修,躲進一個房間,和外界斷絕來往,在寂靜中默默沉思,聽從來自內心的遙遠神祕的聲音。

這種禪道的頓悟讓賈伯斯始終遵循自己的內心行事,不管旁人如何側目,不過,這也令他擁有了一種強悍的精神力量,任何驚世駭俗的行為他都能將其統一到自己內心的安寧之中。這也是他成為一個偉大商業獨裁者的根源之一。

但是,如果你認為信奉佛教的賈伯斯會擺出一副慈善面孔,那就大錯特錯了。恰恰相反,在賈伯斯 1997 年重回蘋果任 CEO 後,在短短數週之內,他就終止了蘋果一直在做的所有的慈善專案,理由是「削減支出以獲得利潤」、「等到我們盈利後再說」。但當蘋果擁有了豐厚的利潤後,那些慈善專案也沒有再恢復。因此,蘋果被稱為「美國最不慈善的公司之一」。賈伯斯也沒打算做任何慈善活動,當美國某科技部落格撰稿人詹姆斯‧阿圖徹(James Altucher)和他談到一家慈善機

構網站時，賈伯斯直接對其說：「讓慈善見鬼去。」無論別人怎樣評價，賈伯斯都毫不在乎，他在乎的只有他的蘋果。

這正如他自己所說：「你的時間有限，所以不要為別人而活。不要被教條所束縛，不要活在別人的觀念裡。不要讓他人喧囂的觀點掩蓋你內心的聲音。」

勇敢做自己，不要活在別人的觀念裡，這正是我們大多數人缺少的精神，我們太容易被別人的觀點或世俗的教條給左右了。這對一個年輕人的成長是非常不利的。不要被教條所束縛，任何問題都沒有一個唯一的簡單的答案。看待問題不應該非黑即白，而是有很多方法和角度。當意識到這點的時候，你就會成為一個很好的解決問題者。

## 聽從內心的聲音，做想做的事情

聽從自己內心的聲音，做自己想做的事，那麼你就將自己放到了一直在等待你的軌道上，並且你應該過的生活就會是你現在正在過的生活。

1998年11月25日，迪士尼與賈伯斯麾下的皮克斯合作的第二部電腦動畫長片《蟲蟲危機》上映，美國本土就有1.63億美元進帳，擊敗了同期推出的夢工廠《小蟻雄兵》，成為當年動畫長片票房冠軍。

皮克斯員工在一些動畫角色的設定上多少會以賈伯斯為原型，以期來開這位老闆的小玩笑。在影片《蟲蟲危機》裡，人們可以從主角飛力（Flik）身上，看到賈伯斯的影子。

這部影片講述了這樣一個故事：在一個美麗的螞蟻王國，大家整日都在辛苦地工作。而有一隻名叫飛力的螞蟻不老實工作，總是喜歡發明創造。他發明了一種「收割機」，但得不到大家的肯定，蟻後和公主也仍然看不起他和他的發明。螞蟻王國有一個最大的威脅──一群蝗蟲，他們強迫螞蟻們進貢糧食，在一次蝗蟲來進行掠奪時，飛力為了保護他的發明不小心把糧食弄到了懸崖下。蝗蟲霸王威脅說如果他下次來得不到雙倍的糧食，他將血洗螞蟻王國。螞蟻們都怪罪於飛

## 2 做你真正想做的事

力,決定驅逐飛力。為了留在自己的家園,飛力提出了一項建議:他將去找比蝗蟲更大的蟲子來趕走蝗蟲。

飛力來到了城市,在這裡他看到一群昆蟲打敗了一群無賴,這使得飛力認為他們就是能夠打敗蝗蟲的「大蟲子」。實際上這群昆蟲是一些失業的馬戲團演員,有甲蟲、蜘蛛等。他們正在找事做,於是他們隱瞞了自己的身分,接受了飛力的邀請,來到了螞蟻王國。

螞蟻們不會太相信這些模樣古怪的昆蟲,並且昆蟲們自己也有些害怕,準備離開這裡。得知昆蟲們的真實身分後飛力很失望,但他極力阻止昆蟲們離開,因為這樣會讓螞蟻們認為他是個大騙子。後來昆蟲智鬥小鳥,救出了飛力和小不點,獲得了螞蟻們的好感,昆蟲們也找回了自信。飛力受到小鳥的啟發,決定做一隻假鳥來嚇退蝗蟲。

誰知這時馬戲團的老闆來找他的昆蟲演員了。螞蟻們這才得知昆蟲們是馬戲團的演員,頓時失望萬分。螞蟻王國驅逐了飛力和昆蟲們。此時氣勢洶洶的蝗蟲軍團來了。在小不點的勸說下,飛力和昆蟲們決定一起迎戰蝗蟲。假鳥一開始成功地嚇住了蝗蟲的進攻,但狡猾的蝗蟲霸王識破了飛力的假鳥,準備一舉摧毀螞蟻王國。然而此時,一隻真鳥突然從天而降,而霸王以為這還是飛力的詭計,毫不退讓,於是成了鳥兒的美食。又是一個春天來到了,公主當上了蟻后,飛

力也受到了嘉獎。而昆蟲們，又回到了城市進行馬戲表演。一個完美的結局。

有人戲稱這是賈伯斯傳奇的動畫版，畢竟這個故事與賈伯斯的經歷有著太多相似的地方。「被驅逐」也一度在賈伯斯的人生中上演，也成為他人生中的一個轉捩點。

不過，當年賈伯斯被從蘋果逐出後，並沒有很快找到一隻「大鳥」來重現輝煌，十多年間，他手下的兩個公司 NeXT 和皮克斯（PIXAR）一直都處在虧損中。但皇天不負苦心人，歷經波折跟迪士尼牽上手之後，賈伯斯藉《玩具總動員》的勢頭將皮克斯成功上市，打了個漂亮的翻身仗，而 NeXT 也走上營利的道路。賈伯斯看起來時來運轉了。

不過，蘋果電腦公司卻是快要「爛」掉了。當時，所有人都認為蘋果無法挽救了，就算蘋果完了，也不是什麼大不了的事，這符合歷史潮流。當賈伯斯得知這個消息後，他不顧別人的勸告，執意重返蘋果。他甚至說，只要能讓他回蘋果，他願意為處於困境中的蘋果提供一切可能的幫助，並且，他還可以以蘋果想要的任何方式來幫助蘋果。

最終，蘋果高層在權衡利弊之後，決定與賈伯斯的 NeXT 合作，計劃直接將其收購。在外界眼裡，這是一個不太公平的交易，因為這樣一來，蘋果不但可以得到一個已經開發好的優秀作業系統，更關鍵的是，能得到 300 名左右優

秀的電腦軟體高級人才（能在賈伯斯手下工作的人絕非泛泛之輩），而這正是蘋果急缺的。同時，作為一家正在營利的公司，NeXT 還能為蘋果帶來每年 5,000 萬美元的額外收益。

這樣不划算的交易，賈伯斯一口就答應了下來，並為 NeXT 向蘋果報出了每股 12 美元的價格。要價十分合理，但是蘋果還價到每股 10 美元，賈伯斯幾乎沒有猶豫就答應了。

為什麼他要這樣做，將可觀的利益拱手讓與他人？因為他想回到蘋果，回到他夢開始的地方，他的心強烈地被這裡的一切所吸引，回到蘋果，拯救蘋果，正是賈伯斯想做的事情。

為了將 iMac 打造成蘋果翻身的利器，賈伯斯敢冒天下之大不韙，公然與蘋果的死對頭──微軟結盟，讓 iMac 用微軟的 Office 辦公軟體，他還決定將微軟的 IE 瀏覽器也捆綁在 iMac 的作業系統上。蘋果與微軟結盟是在 1997 年 Macworld Expo 大會上公布的。雙方簽訂了為期 5 年的合作協議。

所有人都不敢相信地看著這一切。

賈伯斯與比爾蓋茲，蘋果與微軟，兩者之間的恩怨情仇，豈是一句話就能說清楚的？蘋果與微軟打了十幾年的侵權官司，鬧得天下皆知，蘋果人和蘋果迷們一直認為微軟是可恥的抄襲者。

長期以來，「微軟」與「蘋果」各自開發自己的作業系統，

互不相容，自成一體。在 1980 年代末期，蘋果電腦被視為操作最簡便的個人電腦，其特殊的圖形處理方式贏得了一大批使用者。但當「微軟」推出與蘋果相似的「Windows 95」之後，「蘋果」的優勢逐漸失去。

賈伯斯自稱「海盜船長」，自己的技術卻被微軟「盜」走了，豈能甘心？賈伯斯也堅稱：微軟一直在抄襲蘋果。如今卻要與「恨之入骨」的敵人攜手合作，豈不讓人震驚？一些蘋果老員工得知這個消息後，暴跳如雷，儘管他們已經退休，卻強烈抗議蘋果與微軟合作，認為這是「投降」；一些忠實的蘋果粉絲也紛紛指責賈伯斯，稱他「背叛」了蘋果，他們簡直不敢相信，因為作為蘋果的創始人，賈伯斯應該是最沒有理由與微軟合作的。

因此，當比爾蓋茲的笑臉出現在蘋果世界大會上時，引來臺下蘋果粉絲們的一片噓聲，有的人甚至情緒異常激動，歇斯底里高呼「微軟最終將埋葬蘋果」。但是，賈伯斯卻喝斥住觀眾的孩子氣行為，他說：「世界上最大的軟體商開發麥金塔平臺的程式，那麼人們考慮購買 Mac 時就會有更多安全感。」

賈伯斯又謙恭地向大家解釋：「如果我們希望發展，希望看到蘋果再次健康、繁榮，就必須放手一些東西。我們不能再抱著蘋果勝利、微軟失敗的觀點。我們與微軟合作，意味

著蘋果和微軟之間競爭的時代結束了,意味著蘋果步入了健康發展的軌道,意味著蘋果向業界做出重大貢獻的開端,同時也是蘋果健康繁榮的開端。」

賈伯斯說這些話的時候,臺下雖然有人歡呼,但也仍有人喝倒彩。可見蘋果與微軟積怨之深。

其實,蘋果公司的前幾任 CEO 也曾考慮過與微軟進行合作,但最終誰也沒有邁出最後一步,因為這件事情影響太大,可能會危及他們自身的地位,所以他們儘管內心裡也清楚與微軟合作是正確的,但最終卻是想做而不敢去做。

賈伯斯做了,作為一個最不該做這件事的人,他去做了。因為他內心的聲音告訴他,他必須拋棄(哪怕是暫時的)舊怨,與微軟合作,才能讓蘋果重新健康發展。所以,無論外界的壓力有多大,無論別人怎樣說他是一個「背叛者」,他還是做了自己想做的事情。

最終,事實證明,賈伯斯做的事情是正確的。iMac 一經推出,就大受市場歡迎,短短 6 週就賣出了 25 萬多臺。1998 年 12 月,iMac 榮獲《時代》週刊「1998 年最佳電腦」的光榮稱號,並在「1998 年度全球十大工業設計」中位列季軍。有媒體這樣評論:「蘋果新電腦一經上市,立刻就成為了市場上的焦點,它是如此完美,以至於讓其他公司的產品都黯然無光,完全淪為它的陪襯。」

試想，如果賈伯斯當時沒有聽從自己內心的聲音，而屈從於外界的聲音，那蘋果會有這次翻身仗嗎？

對我們平常人來說，亦是如此。我們的內心常常告訴我們應該這樣做，而別人卻告訴我們應該那樣做。人生苦短，難道我們要無視內心的聲音去隨波逐流嗎？何不衝破世俗的羅網，尊重內心的感受，真實地做一次選擇。聽自己內心的聲音，做你想做的事，從生活的沼澤地中走出來，真實地面對自己，這何嘗不是人生一大快事呢？

## 2　做你真正想做的事

### 你必須找到所愛的東西

我們必須找到自己真正所愛的東西，無論是工作、事業或伴侶。只有這樣才能在困難挫折面前堅持下來，誰能放棄自己熱愛的東西呢？也唯有熱愛，才能激發一個人的靈感，使他取得傑出的成就。

有很多人這樣問賈伯斯：「我想開一家公司，我該做什麼？」而賈伯斯卻向他們提出了幾個問題，第一個問題就是：「你所熱愛的是什麼？你開的公司想要做什麼？」這些人大都笑道：「不知道。」賈伯斯給他們的建議是：「去找份工作讓自己忙碌起來，直到你找到答案為止。你必須對自己的想法充滿熱情，強烈感受到心甘情願為它冒險的心情，如果你只想擁有一家小公司的話，那就算了吧。」

賈伯斯何出此言？在史丹佛大學的演講中，賈伯斯這樣解釋：「我很幸運，在年輕的時候就知道了自己喜愛做什麼。在我20歲的時候，就和沃茲尼克在我父母的車庫裡開創了蘋果電腦公司。我們勤奮努力地工作，只用了10年的時間，蘋果電腦公司就從只有車庫裡的兩個小夥子擴展成擁有4,000名員工、價值達到20億美元的企業。而在此前的一年，我們剛剛推出了我們最好的產品Macintosh電腦，當時我剛過

而立之年。接著,我就被炒了魷魚。一個人怎麼可以被他自己所創立的公司解僱呢?這麼說吧,隨著蘋果電腦公司的成長,我們請了一個原本以為很能幹的傢伙和我一起管理公司,在頭一年左右,他做得還不錯。但到了後來,我們對公司發展的前景問題的看法出現了分歧,於是我們之間出現了矛盾。因為公司的董事會站在了他那一邊,所以,在我30歲的時候,就被踢出了局。我一下失去了一直貫穿在我整個成年生活中的重心,打擊是毀滅性的。

在那頭幾個月,我真的不知道要做些什麼。我覺得我讓企業界的前輩們失望透了,我失去了傳到我手上的指揮棒。我遇到了大衛·帕卡德(David Packard)和鮑勃·諾伊斯(Bob Noyce),我向他們道歉,因為是我把事情搞砸了。我成了人人皆知的失敗者,我甚至想到過逃離矽谷。但曙光又漸漸出現了,我發現我還是熱愛我做過的事情。在蘋果電腦公司發生的一切絲毫沒有改變我,一個位元(bit)都沒有。雖然我被拋棄了,但我的熱愛不改。我決定重新開始。

我當時沒有看出來,但後來的事實證明,被蘋果開除是我這一生所經歷過的最棒的事情。成功的沉重被鳳凰涅槃的輕盈所代替,因為每件事情都不再那麼確定,我以自由之軀進入了我整個生命當中最具創意的時期。

在接下來的5年裡,我開創了一家叫做NeXT的公司,

接著是一家名叫PIXAR（皮克斯）的公司，並且結識了一位名叫勞倫娜（Laurene Jobs）的曼妙女郎，她後來成為了我的妻子。皮克斯製作了世界上第一部全電腦動畫電影《玩具總動員》，如今這家公司是世界上最成功的動畫製作公司之一。後來又經歷了一系列的事件，蘋果買下了NeXT，於是我又重新回到了蘋果，我們在NeXT研發出的技術成為了推動蘋果復興的核心動力。我和勞倫娜也擁有了美滿幸福的家庭。我非常肯定，如果當年沒有被蘋果開除，我身上這一切都不可能發生。對於病人來說，良藥總是苦口。生活有時就像一塊磚頭拍中你的腦袋，但不要喪失信心。

熱愛我所從事的工作，這是一直支持我不斷前進的唯一理由。

你得找出你的最愛，對工作是如此，對另一半也是如此。工作將占據你生命中相當大的一部分，從事你認為具有非凡意義的工作，才能帶給你真正的滿足感。而從事一份偉大工作的唯一方法，就是去熱愛這份工作。如果你到現在還沒有找到這樣一份工作，那就繼續尋找。不要安於現狀，當萬事了然於胸之時，你就會知道何時能找到。就像任何偉大的浪漫關係一樣，偉大的工作只會在歲月醞釀中越陳越香。因此，在你終有所獲之前，不要停下你尋覓的腳步。」

而在現實生活中，許多人都沒有自己熱愛的東西，對自

己所從事的產業缺乏熱情與激情，只是在盲目跟風，這些人從來沒有弄明白自己想要的是什麼，想幹什麼，能幹什麼，從而輸得一塌糊塗。

如果對自己所選擇的事業缺乏足夠的興趣和熱情，僅僅是為工作而工作，那麼在工作的過程中，他就不會感受到工作的成就感，也就不可能把全部的心思都放在工作中，更沒有很大的耐心來承受生活的挫折。只有對自己所從事的事業有一種愛，才會保持長久的工作熱情和激情，才會有不達目標永不放棄的決心和勇氣，這也恰恰是人生與事業成功的先決條件。

因此，你不必被世俗所羈絆，「You've got to find what you love」，找到你的所愛，才能激發你自己最大的人生價值，才不會在離開這個世界之際，遺憾地說你從沒有熱愛過什麼，從來不知道熱愛的滋味。

## 找最適合自己的而不是最賺錢的

最適合自己的工作才能最大限度地發揮自己的創造性和想像力，並能將自己的能力發展到極致，正如我們穿鞋子一樣，只有最適合的鞋才能走更遠的路。

現在有很多大學生畢業時都想找一份薪水高的「好」工作，但是僅僅以高薪作為自己找工作的標準，或以此來定義自己的職業發展是否有些偏頗且不具長遠眼光呢？我們工作的目的不只是為了賺錢，在研究哪些工作有「錢途」，能為我們帶來更多的經濟利益時，我們還要考慮將來的發展，培養自己的綜合素養，我們不能成為只會賺錢的機器，還要成為對社會有價值的人。

在面臨此類選擇時，賈伯斯的經歷可以給我們一些啟示。

很小的時候，賈伯斯就對電子產品產生了濃厚的興趣，為了弄清楚一些電子產品的工作原理，他經常拆卸一些小型的電子產品以滿足自己的好奇心。當時，賈伯斯的家在美國加州芒廷維尤的一個半島上，而在鄰近的帕洛阿爾托市，各種電子公司正雨後春筍般在市郊發展起來。賈伯斯家的地理位置很好，因為當時正是矽谷形成時期，矽谷元老惠普公司

找最適合自己的而不是最賺錢的

以及其他一些電子公司的工程師都在這裡居住。每逢週末，一些電子工程師就會到車庫做些維修工作，他們對賈伯斯這個孤單、好學而又勤勞的男孩非常欣賞，常帶給他一些新奇的小玩意，大多是一些電子產品。有一次，一位工程師從實驗室帶回來一個碳粒式麥克風。賈伯斯對這個麥克風非常著迷，並問了很多詳細的問題。以後，賈伯斯就經常到這位工程師家玩，工程師對這個有點早熟的小賈伯斯印象很好，於是就把麥克風送給他。另外，賈伯斯還經常在附近的垃圾堆裡尋找如電路板、電子元件等「寶貝」，並經常纏著一個惠普工程師問一些電子問題，十足一個小電子迷。

在高中二年級結束的時候，14歲的賈伯斯似乎對電子學不再迷戀了，他有了新的努力方向。他喜歡上了游泳，他花了大量時間去參加在芒廷維尤市海豚游泳俱樂部的游泳訓練，並參加了水球訓練。部分原因是賈伯斯覺得，運動員更能獲得令人矚目的成功。

但是，賈伯斯在這方面的興趣非常短暫，因為他發現自己並不適合在這方面發展，他說：「我不是做運動員的料」。想到這點後，賈伯斯決定不再用世俗的標準來定義成功，他要尋找到能激發他興趣、能讓他全身心投入的事情。最終，賈伯斯還是投身於電子世界，去實現自己的夢想。

賈伯斯一直堅信技術的力量，認為最先進的技術一定能

占據最大的市場,能帶來最多的利益。因此,他在蘋果的時候,一直致力於開發最先進的電腦技術,掌控「麗莎計畫」時,他要求將當時所有最先進的技術都融合到麗莎電腦上去。但是,結果證明他錯了,市場不認可這款技術先進的電腦,連前期投入的費用都沒能收回來。

創辦 NeXT 後,賈伯斯仍抱著技術第一的想法,用最優秀的軟體配上最優秀的硬體,必能創造出最大的利益。然而,NeXT 電腦仍然打不開銷路。

成立皮克斯後,賈伯斯以為,具有強大影像處理功能的 Pixar Image Computer 將在動畫和電影製作方面暢銷不衰,未來幾年這種電腦會像過去個人電腦市場那樣爆炸式成長。但事實是,1987 年,只賣出了不到 100 臺的 Pixar Image Computer,到 1989 年時,也僅僅賣出了 200 臺。這與賈伯斯的設想差距實在太大了,根本就沒有獲得利潤。這讓賈伯斯備受打擊。

其實,對於皮克斯的三個主要負責人,卡特姆(Edwin Catmull)、阿爾維(Alvy Smith)和拉塞特(John Lasseter)來說,也是痛苦不堪。這三個人都是動畫製作技術領域裡的天才型人物,掌握著當時最為先進的動畫技術,但是,他們不擅長做推銷。雖然他們的電腦當時為世界第一,但是他們卻無法把電腦銷出去。他們三個人的夢想是製作動畫電影,而

不是成為成功的電腦推銷商,所以,賈伯斯讓他們賣電腦,實在讓他們疲於應付,雖然他們也竭盡全力去做好的商業管理人員,去為皮克斯賺取利潤,可是他們實在不擅長推銷。正如後來賈伯斯所說:「他們像是在森林裡失去方向感的孩童。」

汲取了教訓的賈伯斯終於認清了現實,他盡可能讓他們去做他們擅長的事,並接受卡特姆和阿爾維的建議,讓他們製作一個動畫短片作為示範,或許能拉動 Pixar Image Computer 的銷售。

事實證明,做自己最適合的事最能獲得成功。卡特姆等人立即製作了一部動畫短片《頑皮跳跳燈》(*Luxo Jr.*),結果一炮打響,獲得奧斯卡最佳動畫短片提名。他們再接再厲,又製作出了另一個動畫短片《小錫兵》(*Tin Toy*),竟獲得了奧斯卡金像獎。這些動畫短片的成功,帶動了皮克斯動畫軟體的銷售,業績良好。

這些成功促使賈伯斯在發展方向上做出了巨大調整。1989 年,賈伯斯裁掉了皮克斯的硬體工程師,關閉區域業務部門,並宣布自己不再擔任皮克斯的技術長和董事會主席,而由卡特姆接任。

然而,更大的成功還在後面:與迪士尼合作,《玩具總動員》的巨大**轟**動。

## 2　做你真正想做的事

　　如果不是因為賈伯斯轉變思路，讓卡特姆和拉塞特等人去做自己最擅長的工作，而仍是強迫他們去賣 Pixar Image Computer 的話，怎麼會有皮克斯創造動畫電影的輝煌呢？

　　最適合的也許不是最賺錢的，或者說不是眼下最能賺錢的，但它能給予人創造力和生命力，在不遠的將來，它反倒最可能給你帶來最豐厚的回報。而那些你以為最賺錢的事情，也許到最後會被證明是最無價值的。正如 Apple II 之父沃茲尼克那樣，他最喜歡電子技術，而他也似乎天生適合做技術工作，他並沒有想著用技術來發大財，只是做著自己喜歡並擅長的事情，結果蘋果上市，他也成了千萬富翁。

　　當然，做自己最適合的也許並不能最終給你最多的財富，但是卻能得到職業成就，更能體現生命的價值，實現自我。不要任由世俗的眼光和標準來決定自己的選擇，擺脫傳統觀念的桎梏，大膽選擇適合自己發展的人生之路。

## 勇敢地聽從直覺和心靈的指示

大多數人在內心的呼喚面前,往往猶豫不決,因為來自父母的反對,或朋友的意見,或外人的嘲笑,都能左右我們的判斷。

很多時候,我們不敢堅持內心的想法,只能違心地做了別人要我們做的選擇,以圖複製別人貌似成功的生活。

對於賈伯斯來說,一板一眼地照搬別人的思想和生活恐怕是他人生中最恐懼的事了。實際上,我們每個人都有自己與眾不同的直覺和想法,但是能像賈伯斯那樣勇於聽從自己的直覺和心靈的人,卻是少之又少。

由於賈伯斯的堅持,其養父母只得花光了所有的血汗錢把他送進了里德學院。但是6個月後,賈伯斯宣布退學。他的心和直覺告訴他,這樣下去沒有任何價值,所以他決然地退學了。

不過,退學後的賈伯斯仍留在學校裡旁聽其他課程。因為貧困,賈伯斯沒有自己的宿舍,只能睡在朋友房間的地板上;他還收集喝空的可樂瓶,用每個瓶子換回5美分的押金去買食物充飢;每個星期天晚上,他都會走7英里的路去Hare Krishna神廟吃頓免費的晚餐以改善生活。

## 2　做你真正想做的事

　　雖然過著吃了上頓沒下頓的生活，賈伯斯卻堅持著，無論別人怎樣風言風語，他只跟著自己的直覺和心靈的指示而行。

　　同時，賈伯斯對東方的佛教產生了濃厚的興趣，他在大學裡旁聽這方面的宗教課程，還常常窩在圖書館裡鑽研宗教書籍，花了大量時間研究佛教等宗教理論。來自東方的宗教思想充滿了神祕感，裡面有大量關於生命、自然、社會、價值等的智慧論斷，讓賈伯斯十分著迷，他試圖從東方的宗教中找到人生的真諦，為此，賈伯斯成為了一個素食主義者。只要有時間，賈伯斯還會到當地一個印度寺廟裡學僧人打坐、參禪、冥思。他經常一個人坐在角落裡沉默不語，沒人能搞清楚他到底在想些什麼，這點正如他的創業夥伴沃茲尼克所說：「你永遠不知道他在想什麼。」

　　佛教思想深深地影響了賈伯斯，此後他一直都在踐行印度教的冥思和佛教的參禪儀式。在蘋果的辦公大樓裡，賈伯斯有一間靜室，每當他遇到難題，或無法找到靈感時，他就到這個靜室裡，清心冥想，並且絕不准任何人打擾。有一次因為一塊電路板始終不能讓賈伯斯滿意，他就把這塊電路板帶到他的靜室裡尋找靈感。正當他排除雜念，把注意力集中到電路板上時，忽然有人敲門，賈伯斯頓時火冒三丈，要知道，賈伯斯早就發出嚴令，他在靜室的時候任何人不能打

## 勇敢地聽從直覺和心靈的指示

擾,這次誰敢這麼大膽?賈伯斯強忍怒火打開房門,原來是負責公共關係部的露西,賈伯斯厲聲問道:「舊金山發生大地震了?」露西說沒有。「是有恐怖分子闖進來要殺死所有人?」露西說沒有。事實上她是來告訴他美國證券交易委員會正在調查他,如果處理不好,賈伯斯很可能會坐牢。「就這麼點小事,你敢打擾我工作?現在,回到你的辦公室,捲鋪蓋走人吧。」

賈伯斯在這種冥思中獲益匪淺,這使得他能清除雜念,集中注意力,迎接挑戰獲得靈感,iPad、iPhone 等產品的設計靈感,很多都來源於此。

在里德學院待了 18 個月後,賈伯斯回到了養父母身邊。此時他最想去的地方是印度,他想到佛教的發源地印度去,去親身感受佛教文化的薰陶,去驗證自己對於東方神祕宗教的猜測和理解,從而滿足自己的好奇心和探求的欲望。

但是賈伯斯沒有路費,於是他就先找了份工作,存夠了錢,他就向公司請假,迫不及待地踏上了印度之路。

這就是賈伯斯,從不以別人的眼光束縛自己,別人的看法左右不了他的決心,心裡怎麼想的他就會怎麼去做,直覺就是他的行動指南。後來,他投身於電腦產業,也是出於內心的召喚。然而,在我們大多數人中,有幾個人能有賈伯斯那樣的勇氣,憑直覺來決定自己的人生之路呢?

## 2　做你真正想做的事

　　人生千姿百態，各行各業千萬種，你要投身文學世界還是要做一個商海跟風者，不是由別人來評定的，而是源於你的內在本質，源於你內心的渴望，你只能聽從自己心靈的指示和直覺來決定自己的人生之路。

## 當你相信自己時，奇蹟就會發生

不相信奇蹟，奇蹟就永遠也不會降臨到你身上。奇蹟實際上就是你的自信、能力和行動力。

你一定從電視、報紙等媒體的傳播中，得知了許多曾創造了很多奇蹟的真實人生故事。譬如，人在沙漠中遇險並在理論上不可能的情況下倖免於難；遇難者在地震後的廢墟中挑戰生命的極限；在一場必輸無疑的賽局中上演驚天逆轉……這些故事都有一個共同點：處在絕境中的主角都懷有一個堅定的信念，正是這種信念支撐著他們堅持到了最後。

當你相信自己時，奇蹟就會發生。這就是那些締造奇蹟的人所秉持的信念。

1985年9月下旬，當時的蘋果CEO史考利夜不能寐，他常常擔心第二天早上，蘋果的員工會走掉一半。因為這個月的13日，賈伯斯說他要帶一部分人離開，並遞給史考利一張手寫的名單。

這個新團隊的名單洩漏後，蘋果麥金塔電腦小組內部發生了騷動，沒過多久，這個小組中超過一半的人離職了。

這引起了史考利主導的蘋果高層的一陣恐慌，生怕賈伯斯「偷走」蘋果電腦公司的一些頂級電腦人才，因此，他們對

## 2 做你真正想做的事

此進行了激烈反擊，起訴了賈伯斯。賈伯斯被逼無奈，只得同意 6 個月內不僱用原蘋果電腦公司的員工，並且不建立與蘋果競爭的電腦公司。

儘管被逼出走的賈伯斯深受打擊，但陣痛過後，他又恢復了鬥志，對曾經的失敗又變得毫不在乎。他決定重新創業，他為自己的新公司起名為 NeXT，寓意他將創造下一個輝煌，但是很多人認為他是在痴人說夢。「我們沒有商業計畫，也沒有做任何相關的市場調查，但我們希望可以創立一家小公司，為我們提供一個舒適的工作環境，並創造某種奇蹟。有些人以為我們做不到，但是我會用事實證明這一點。」賈伯斯信心十足地對外界如此說道。

賈伯斯創辦 NeXT 的意圖是針對大學市場，為大學生、研究者和老師們開發具有高效能的電腦，他稱之為「個人的主機」。按照賈伯斯以往的一貫作風，他決定打造一款世界上最先進的教育電腦，這樣的話，製造成本一定會很高，電腦售價必定昂貴無比。根據大學的接受能力，大學的顧問們曾建議賈伯斯，應該讓電腦的價格控制在 2,000 美元以內。要知道，當時蘋果電腦公司的 Mac 向大學銷售的折扣價僅為 1,000 美元。

但是，很顯然，賈伯斯沒聽進去這些建議，當 1988 年 NeXT 推出號稱最先進的教育電腦時，其最終公布的價格高

達 6,500 美元。並且，除了價格高得驚人外，這款 NeXT 電腦的效能也不夠強，它需要附帶一個列印機，這個列印機的價格也要 2,000 美元，再加上其他一些費用，這款電腦的最終售價高達 10,000 美元！沒有幾個學校能支付得起如此高昂的價格，所以賈伯斯在大學市場的失利在所難免。不過，賈伯斯不承認失敗，他透過電腦零售商 Business land 轉而向公司客戶銷售，但是，9,995 美元的價格也無法在企業市場中取得好的成績。可以說，NeXT 電腦一直銷售慘淡，在 10 年當中總共只賣掉了零星幾臺電腦，最後沒辦法轉行賣軟體，但也賣得不好，不過賈伯斯憑藉出眾的口才，總算撈到了一個大客戶：美國中央情報局！但這無法左右大局。

實際上，賈伯斯的助理曾試圖提醒他遠離一些幾乎是必然的災難，但他並沒有接受，他一直堅信自己能夠成功，可以再次創造像蘋果那樣的輝煌。1992 年到 1993 年，因為理念上的不同，NeXT 公司 9 位副總經理中的 7 位先後被解僱或主動辭職。

那段時間，賈伯斯很少授權他人，他總是試圖控制一切。關於機器開發的幾乎各方面——包括機器內部的每顆螺絲釘——都由他說了算。NeXT 辦公室裡的家具選擇和布置，可以很好地展示一個公司的設計品味，賈伯斯從不錯過這樣的機會。儘管公司策略一再被央求重新修正，但賈伯斯

還是過分關心其他的事情。《賈伯斯和 NeXT 大事》(*Steve Jobs & the NeXT Big Thing*) 一書的作者 Randall E. Stross 在創作時，曾和一些當時的以及前 NeXT 員工談過。根據其中一人的描述，即便 Business land 訪問團的高級主管們已經在路邊等候，賈伯斯仍然花了 20 分鐘直接指導景觀工程人員精確地安裝灑水噴頭，那些高級主管只能無可奈何地看著他完成這一切。

不過，NeXT 的電腦在硬體和軟體方面有不少創新，很「酷」，這吸引了一小批很忠誠的追隨者。NeXT 創造了第一臺易於使用的 UNIX 機器，但主流市場並不買帳。事實上，賈伯斯此前已向市場推出了易於使用的機器，那就是蘋果的 Mac。因此，NeXT 無法將其自身的優勢與 Mac 明顯地區別出來，尤其是在 NeXT 機器的價格上，令人望而卻步。在近 7 年的時間裡，NeXT 總共只銷售了 50,000 臺機器，市場的慘敗和持續的虧損，讓賈伯斯不得不停止了硬體製造，並解僱了 500 人團隊中的一半以上，然後集中精力銷售 NeXT 的軟體。

的確，賈伯斯在重新創業的過程中，遇到了不少麻煩，他賠了不少錢，似乎走進了死胡同，但是他從來沒想過放棄，他深信自己可以創造奇蹟。而奇蹟真的發生了，《頑皮跳跳燈》和《小錫兵》相繼成功，這帶給賈伯斯巨大的人生

轉機。《小錫兵》更是拿下了奧斯卡金像獎，為整個動畫電影的製作帶來了一場革命，也為賈伯斯的思想帶來了一次革命。

法國有一句諺語：「不相信奇蹟，奇蹟永遠也不會降臨在你身上。」我們往往被貌似很強大的東西矇蔽雙眼而心生懼意，不知道其實只要再努力、再堅持一下，就能衝破困境，達成目標，並獲得成功。

對於賈伯斯來說，事實也是如此。即使是在人生最黑暗的時刻，賈伯斯還是用自己超強的信念和智慧創造出了一個又一個奇蹟，獲得了人生的成功。

一個總是對自己說不行的人，很難期望他能在今後的人生中做出成績；相反，一個人總是在心底深處不停地鼓勵自己，對自己說：我可以！我相信自己能做到！那這個人獲得成功的機會就越大。若有一天，你處在了人生的谷底，不妨對自己說：「我相信自己會有所作為！當我相信時，它就會發生！」

## 2　做你真正想做的事

# 3　成功不存在捷徑

　　成功不存在捷徑，但需要才智，每個人都是才智豐富的寶藏，如何發揮你的才智是成功與否的關鍵因素。

## 3　成功不存在捷徑

### 成功者不一定都需要傑出的環境

　　人生有無數種開始，同樣，人生的結果也有無數種可能。平庸或非凡，成功或失敗是否在人生之初就已注定？有人說，我之所以不能成功，是因為家境不好，父母沒有能力送我上好的大學，沒有錢做創業的資金；也有人說是因為年紀太輕，沒有人幫助，沒有人賞識；還有人說是因為命運多舛，屢遭坎坷，際遇不好……所以，我沒能成功，不是因為我不努力。

　　人生中沒有能不能，只有要不要；只要你一定要，你就一定能成功。

　　賈伯斯早年歷經人生的坎坷。他被舊金山的賈伯斯夫婦收養後，經濟上一直比較窘迫，保羅‧賈伯斯甚至沒有受到過正規教育，幾度失業。保羅當年放棄了讀中學的機會，就像一個流浪漢一樣在美國中西部遊蕩了幾年，而此時正值美國經濟嚴重蕭條時期，他一直在努力尋找一份工作。最終他選擇了一份相對穩定的職業──在軍隊中服役。他參加了美國海岸警衛隊（一般人都叫它「無賴海軍」，保羅也是這麼叫的），並且學習了管理機艙的技能。當保羅服役期滿，在舊金山港口退役時，他就在這裡定居了。他和克拉拉在1946年結了婚，然後就回到了自己的老家印第安納。不過，他們

實在懷念加州的生活,於是,他們在1952年又捲起鋪蓋回到了舊金山。很快保羅就應徵到一家財政管理公司做強制執行人員,其主要任務就是向使用者索要汽車貸款的欠款。由於他是個大塊頭且個性善於攻擊,因此非常適合這份有點危險的工作。有時候,一些欠債車主總是不還貸款,他就用他學到的機械技術強行打開車鎖,收回他們的汽車。儘管經濟上比較緊張,並且已經有了賈伯斯這樣一個不讓人省心的孩子,賈伯斯夫婦還是決定再收養一個女孩,就是帕蒂·賈伯斯(Patty Jobs)。

賈伯斯的生長環境極其普通,甚至有點艱難。這也是導致賈伯斯早熟的原因之一,他顯得與同齡人有些格格不入,他的一個老師回憶說:「他有點不合群,看事物的方式與眾不同。」

由於學習出眾,小學四年級時,賈伯斯的老師建議賈伯斯夫婦讓賈伯斯跳過五年級直接進入這個學校的國中學習,但賈伯斯的父母不同意這樣做,而是讓他提前進入了克里滕登中學學習。但是,克里滕登中學並沒有對優等生賈伯斯做出特別的安排,只是把他和年齡大一點的學生放在一起。

同時,保羅催債的工作很不順利。於是他辭去了這份工作,開始從事房地產銷售工作,因為當時他們居住的芒廷維尤市經濟日益發達,房地產業正在興盛。但是,保羅的個性有點粗暴,雖然富有冒險精神,卻不會低聲下氣、卑躬屈膝,所以他無法成為一個成功的房地產經紀人。就這樣,賈

## 3 成功不存在捷徑

伯斯一家的生活一下子緊張起來。

不得已,保羅又在 15 年後,重新幹起了他的老本行——機械師。他在斯拜克特費茲克斯公司負責開發條碼掃描系統,這一系統用於讀取產品上的條碼,這東西在世界上任何超市裡都用得上。雖然這需要從最底層做起,但保羅做得還算不錯,很快他們家的日子就不那麼吃緊了。

但是,賈伯斯所在的克里滕登中學是一所學風非常不好的學校,在那裡就讀的孩子大都來自附近社區最貧困的家庭;那裡是不同種族的大熔爐,不同種族的孩子結夥打鬥,警察經常被迫去平息這種「戰爭」。在這種情況下,賈伯斯的天賦被混亂和騷動所淹沒。他漸漸變得鬱鬱寡歡,並感到深受挫折。1967 年,12 歲的賈伯斯告訴父母自己不願意再回到克里滕登中學讀七年級,他們必須搬到別的地方。經過商量,賈伯斯夫婦接受了這一現實,因為他們知道,如果不換個學校,他很可能就會變成不良少年。對於這件事,保羅·賈伯斯後來回憶道:「他說他實在不想去了(回那所學校上學),因此我們只好搬家。」

最後,賈伯斯一家向南遷移了幾英里,搬到了洛斯阿爾托斯市居住。

由此看來,賈伯斯雖然是出身慘淡,但是並未受制於環境,他依然成就了一番舉世矚目的輝煌成就。《財星》(Fortune)雜誌網路版2010年評出了全球科技市場最聰明的50位管理者，蘋果之父賈伯斯排名第一。

人們總喜歡把人生歸結到「有什麼樣的環境就有什麼樣的人生」的結論中來。但實際上，這是一種非常不負責任的說法，是在為自己的失敗尋找藉口。從賈伯斯身上就可看出，影響人生成功的絕不是環境，而是對環境持什麼樣的態度，即成功的信念。在困境中學到東西，可以幫助你走得更快、更遠。

一位名作家說過：成功者之所以能有一番作為，在於他們能改變對壓力的定義，不懼怕，不逃避，他們挑戰壓力，並相信自己終會獲勝。這就是信念的力量，是一種適應環境的能力，傑出的環境也許可以造就成功者，但成功者未必都是因為傑出的環境才成功。

正如賈伯斯所說「成功者不一定都需要傑出的環境」，環境不是決定成功或命運的終極原因，成功在於人的內心，知道如何成功的人，往往善於在惡劣的環境中發現成功的因素。賈伯斯也並未一開始就受到命運的垂青，但是他卻充分利用自己所處的環境，沒有被環境所束縛，最終成就了一番大事業，在電腦、音樂、動畫電影產業都有突出表現。你難道還要為沒有傑出的環境而抱怨嗎？你難道還要為沒有傑出的環境而裹足不前嗎？

## 3　成功不存在捷徑

### 將所有人甩在後面

你能力有限？別太低估你自己了，每個人都是一座金礦，你完全可以脫穎而出，將別人甩在後面。但只有最大限度地發揮出自己的潛能，你才能比別人做得更好，才能跑在別人前面。

賈伯斯是個「自大狂」，他不能忍受任何人排在他前面，連他最初的朋友及合作夥伴沃茲尼克也不例外。

當年，馬庫拉（Mike Markkula）把美國國家半導體公司的行政主管史考特（Mike Scott）挖過來成為蘋果公司的首任執行長。但賈伯斯相當不服氣，他認為史考特也就是有幾年管理方面的經驗而已。

在蘋果電腦公司裡，賈伯斯和史考特經常爭吵，有些是大事，有些則是雞毛蒜皮的事。他們還為公司成員的排名順序發生了爭執。美國最初對小公司施加影響的方式之一是發放帶有編號的身分徽章，這些徽章基本上是根據每位員工受僱的日期編號。而編號工作是由史考特做的，他給賈伯斯的編號為2，1號給了沃茲尼克，這讓賈伯斯十分惱火，他認為自己才應該排在第一位，其他人都應該排在他後面。但史考特非常固執，拒絕改變，於是賈伯斯又想出了一個好主意，他將自己編為0號。

賈伯斯為何執意要排在沃茲尼克前面呢?因為從技術上講,沃茲尼克的能力是勝過賈伯斯的,這讓賈伯斯非常沒有安全感,他是個只想當第一的人,他試圖向所有人證明他是最優秀的,沒有人比他強。

為了達到這個目的,賈伯斯極盡努力,他將自己在藝術上的天賦、行銷上的能力及過人的口才發揮到了極致。經賈伯斯之手的每個產品,都是精品、藝術品,所有市場上的同類產品與其相比,都顯得粗劣不堪。可以說,在設計美學領域,賈伯斯已經將所有人甩在了後面。

賈伯斯的行銷能力更是成為了商界傳奇。舉個例子說吧,1997 年底,有人曾問及戴爾電腦的時任執行長麥可‧戴爾(Michael Dell):「賈伯斯當上蘋果電腦公司掌門人後會有何打算?」麥可‧戴爾的回答是:「關閉公司,把資金歸還給股東。」如果麥可‧戴爾現在還能記起這些話,也許會為此感到懊悔。蘋果公司的股票後來已遠超戴爾公司。

而這一傲人的業績得益於賈伯斯堅持在數位時代沿用傳統經營策略。他憑藉全面管理、突破創新和大舉行銷等手段,研發出了一批令人驚嘆的新產品,令消費者無不趨之若鶩。iPod 播放器和 iTunes 軟體的完美結合,已經成為數位時代的象徵。微軟、戴爾、索尼等曾經引領市場的大廠,都已被蘋果公司通通甩在了後面。

## 3　成功不存在捷徑

哪個 CEO 敢說自己的口才比賈伯斯好？細數賈伯斯及蘋果的成長歷程，皆與賈伯斯卓越的口才能力有關。當年，賈伯斯一句「你是想一輩子做個賣糖水的，還是想跟著我們改變世界？」就將百事可樂的時任 CEO 史考利強行挖到了蘋果。賈伯斯經常妙語連珠，在接受《華爾街日報》(*Wall Street Journal*) 的專欄作家華特・莫斯伯格（Walter Mossberg）的採訪時，賈伯斯指出，很多人說 iTunes 是他們最喜愛的 Windows 應用程式之一，「這簡直就像給一個在煉獄中飽受煎熬的人遞上一杯冰水」。還有更妙的，在某次有名的採訪中，賈伯斯說：「電腦是我們所能想到的最出色的工具，蘋果電腦就相當於 21 世紀人類的腳踏車。」

賈伯斯真是將口才發揮到了極致，每次公開演講，賈伯斯都熱情四射，透過他的演講，賈伯斯爭取到無數 Mac 的狂熱愛好者。所以，單就口才這一點，賈伯斯就可以傲視群雄了。

也許技術不如人，但賈伯斯卻最大化了自己在其他方面的能力，將自己的潛能發揚光大。所以，對年輕人來說，不妨牢記賈伯斯的話，「最大限度地發揮你的天賦、才能、技巧」，激發自身的潛能，就能超越別人，成就卓越。

## 寧可戰死不被嚇死

想做強者,首先從心態上就要強大起來,確立一種敢打敢拚的精神,無論遇到怎樣強大的對手,也要勇於「亮劍」,寧可打輸,也不能不戰而逃。

把這段話放在賈伯斯身上也十分貼切,放眼天下,哪個業界大廠沒受到過賈伯斯的叫板?

當賈伯斯還在「車庫公司」賣自己的蘋果電腦時,就敢向當時的「藍色巨人」IBM 叫板了。Apple II 的成功更讓賈伯斯不把 IBM 放在眼裡了。因為眼紅蘋果電腦的成功,IBM 也推出了自己的個人電腦,所有人對此都很擔心,除了賈伯斯。賈伯斯公開挑釁說:「我們將讓 IBM 退出市場,我們要讓它吃不完兜著走。」就在 IBM 推出個人電腦僅僅兩天之後,蘋果電腦公司就在《華爾街日報》上刊登了整版廣告:「歡迎 IBM 公司,蘋果真誠歡迎你們和我們合作。歡迎你們光臨 30 年前電腦革命以來最激勵人心、最重要的電腦市場。祝賀你們研發了世界上第一臺電腦。我們期待著我們之間激烈的良性競爭可以把美國的電腦技術傳播到全世界。歡迎你們加入到我們的隊伍中來。」

至於微軟,兩者一直都在較量中。

## 3　成功不存在捷徑

　　與此同時，半導體大廠英特爾也成了蘋果的競爭對手，因為英特爾擁有龐大的規模和市場影響力。蘋果在廣告中將英特爾的處理器比作蝸牛，並對英特爾的員工及其處理器大肆嘲諷。

　　索尼是音樂界的大廠霸主，它的「隨身聽」曾紅遍全世界。但是，自從蘋果的 iPod 問世之後，它很快就敗得一塌糊塗。賈伯斯說過這樣的話：「蘋果是一家行動裝置公司。就收入來說，蘋果是當今世界上最大的行動裝置公司。這真是太了不起了。蘋果比索尼的行動裝置部門要大得多，其銷售手提攝影機等。蘋果也比三星的行動裝置部門要大，其銷售手機。但就收入而言，蘋果甚至比 Nokia 的行動裝置部門還要大。」

　　2002 年，賈伯斯向《時代》週刊表示：「我寧願和整個索尼競爭，而不是和微軟的某個產品競爭。蘋果是唯一擁有產品全部體系的公司，硬體、軟體和作業系統我們全都有，我們有能力對使用者體驗承擔全責，有能力做許多其他公司做不到的事情。」

　　在很多人看來，賈伯斯任性、大膽，尤其是當他提出要建立蘋果自主品牌的專賣店時，董事會很緊張。而如今回想，在 iPod 僅僅推出一年之時，蘋果的產品甚至還不夠填滿專賣店。但事實卻證明了賈伯斯的正確性。蘋果的 iPod，

## 寧可戰死不被嚇死

iPhone 的銷量都很好。

縱觀賈伯斯和蘋果與競爭對手的交鋒，可以發現，賈伯斯一向不吝於讚美自己，自己是最棒的，蘋果是最棒的，蘋果的員工也是最優秀的，總之，他們是最強的。我們也可以發現，蘋果的每個競爭對手都是大廠、霸主，如果不是一個強者，或沒有強者心態的人，怎麼敢發出挑戰呢？而且就算失敗了，他也仍然不低頭，想辦法再戰，這就是賈伯斯的風格。

2010 年，作為業界大廠的 Google，推出了對蘋果產品頗具挑戰性的多款新品。於是，有記者問及賈伯斯「是否覺得 Google 正在超越蘋果」時，賈伯斯馬上肯定地回答：「沒有任何可能。」

一個科技記者，在書中說：「賈伯斯希望控制世界。他一點也不在乎鞏固策略優勢，他只想著攻擊……他不在乎是有十幾家還是上百家公司跟自己唱反調，他也不在乎有什麼阻礙他成功。」

如果賈伯斯不具備這樣的強者心態，只怕蘋果的歷史早就改寫了。

在現實生活中，經常有一些人總是抱怨自己的失敗是由於其他的原因，他們覺得自己不如別人優秀，沒有別人條件好，就算是參加一次面試，也覺得自己不行，還沒開始就覺

得自己一定會失敗。這都是心態惹的禍，如果我們具有了像賈伯斯那樣，或者說有一點像賈伯斯那樣的強者心態，不懼挑戰、勇於挑戰，那生活必定發生翻天覆地的變化。

　　因此，我們在與對手競爭時，一定要具有強者心態，要自信堅定、冷靜沉穩，我們可以被對手打敗，但是一定要能爬起來再戰；我們可以被對手打敗，但是絕不能被自己的弱者心態打敗。只要始終如一地擁有強者心態，總有一天，我們一定會變成真正的強者。

## 看準了就要勇敢行動

我們縱然有成功的欲望,但不敢去嘗試,怎麼能夠成功?成功者不光有著異於常人的眼光與膽識,並且勇於行動。只有放手去做的人,才有可能成就偉大的事業。

對於選擇創業的人來說,創業不僅僅是為了更好地生存,同時也是實現夢想的過程。這個創業過程不僅是為了財富,更是為了自己的成就感、滿足感和幸福感,是為了看到更好的自我。

賈伯斯一心想證明自己,尤其是當他得知自己是被收養的事實後,他一定要讓拋棄他的人知道他有多優秀。同時,隨著年齡的增加,賈伯斯對佛教的狂熱逐漸冷靜下來,他變得越來越現實,他迫切希望獲得成功,獲得成功的機會。

正在賈伯斯尋求成功的機會時,世界上第一臺微型電腦 Altair 誕生了。1975 年 1 月,在《大眾電子學》(*Popular Electronics*) 雜誌封面上刊登了這個影響深遠的資訊:「這象徵著人們一直爭論的『個人』電腦誕生了。」

這個消息立即在熱愛電子學的人當中掀起了一股研究熱潮,沃茲尼克當然也在其中。賈伯斯也是一個電子迷,且向來不甘人後,便和沃茲尼克一起加入了由電子學狂熱者組成

的業餘電腦使用者小組。他們互相交流自己的想法，並向其他成員展示自己的最新研究成果。

不過，賈伯斯和沃茲尼克兩人都是窮光蛋，根本買不起當時最流行的 Intel 8080 晶片，它是微儀系統（MITS）Altair8800 的核心部件，其售價為 270 美元。於是，兩人便開著車到處去尋找物美價廉的替代品。在一次展示會上，細心的賈伯斯發現了一款 MOS Technology 6502 晶片，功能與英特爾公司的 8080 相差無幾，只售 20 美元，但是不知道這款晶片能否執行。回去後，沃茲尼克編寫了一個 BASIC 編譯程式，結果 6502 晶片運作良好，於是便用 MOS Technology 6502 晶片代替 Intel 微處理器工作。接著，沃茲尼克開始基於晶片 6502 設計電腦。沃茲尼克不愧為電子學方面的天才，他充分發揮自己的想像力，按照自己的想法設計了電腦的雛形。在資料輸入方面，沃茲尼克創造性地採用了鍵盤輸入法，從而成為此後電腦的通用設計；在資料輸出方面，沃茲尼克更是突發奇想，沒有將其連線到 Teletype 列印機或價格昂貴的顯示器上，而是將其連線到電視上，以展示它的色彩能力。

1976 年 3 月 1 日，沃茲尼克設計的電腦基本雛型在業餘電腦使用者小組首次展示後，立刻引起了**轟動**，大家都希望擁有這樣一臺「個人」電腦。看著眾人豔羨的目光，賈伯斯立即敏感地意識到了潛在的商機，他認為沃茲尼克設計的電腦

可以賣錢。他在腦海中快速地盤算著,現在這裡的小組成員大約有 500 名,只要其中有五分之一的人,也就是 100 人願意掏錢購買,那麼,每臺賣 650 美元,100 臺就是 65,000 美元,每臺利潤是 50 美元到 100 美元,那麼我們最少能賺 5,000 美元!賈伯斯當即決定成立一家自己的公司。

當然,成立公司離不開沃茲尼克,於是,賈伯斯便極力遊說沃茲尼克生產電路板並將電路板作為產品銷售。

與賈伯斯的雄心勃勃不同,沃茲尼克可沒有想拿著自己設計的東西去賣錢,他只是出於興趣和愛好。何況當時沃茲尼克已到惠普工作,年薪有 24,000 美元,生活不再窘迫。沃茲尼克還試圖透過惠普公司來將自己的發明發揚光大,但是惠普公司覺得個人電腦前途渺茫,認為個人電腦只對少數電腦狂熱者有吸引力,普通大眾根本不知道這到底是什麼玩意,貿然推出個人電腦,太過於冒險了,並且,惠普公司當時只想把自己的主業──列印機和影印機做好,不想為此分散精力,於是拒絕了沃茲尼克的請求。沃茲尼克回憶說:「我努力說服我的上司──電腦實驗室的經理,但顯然,當時在惠普公司生產微型電腦的時機還不成熟。」儘管他的上司認為沃茲尼克的電腦不適合他的部門生產,不過卻好心地通知惠普公司的律師召集每個部門的負責人並詢問:「你們是否對這樣的機器感興趣:能執行 BASIC 並連線到電視上,價值 800 美元?」結果所有的人都說不感興趣,並說「惠普公司不

## 3　成功不存在捷徑

想進入這樣的市場」。

被沃茲尼克的雇主拒絕後，他們找到賈伯斯工作的雅達利公司。「在打造好以該電路板為基礎的 Apple I 後，我們向雅達利公司的艾倫．奧爾康（Allan Alcorn）展示了這個產品。」沃茲尼克回憶說，「但就在這個時候，雅達利公司推出了首款 Home Pong 遊戲，這是一個非常大型的遊戲，以至於他們都忙不過來。雖然他們認為 Apple I 是好東西，但是他們自己還有大量的事情要做。」與之前的惠普公司一樣，雅達利公司也婉言拒絕了賈伯斯和沃茲尼克的提議。

另外，沃茲尼克覺得他們經驗不足，要知道，賈伯斯當時才 21 歲，毛頭小夥子一個，根本沒有任何資歷可言。而他自己，也不過才 26 歲，參加工作也沒幾年，也沒有什麼有關公司運作及管理的經驗。所以，他對公司的將來不看好。

但賈伯斯堅定地認為個人電腦市場前程遠大，是未來市場的方向，沃茲尼克設計的電腦必能為他們帶來豐厚的利潤，他們現在需要的只是把這種電腦生產出來並推向市場。賈伯斯天生就是一個行銷家，正如沃茲尼克後來所說：「賈伯斯沒有設計一個電路、一個方案或編寫一段程式碼。但是他從來沒有放棄銷售電腦的念頭。賈伯斯說我們先大量宣傳並銷售一些產品。」

賈伯斯個性堅定，是一個不達目的誓不罷休的人，他用

他那出眾的口才說服了沃茲尼克和他一起成立公司，同時，他還說服了自己的同事，雅達利公司的首席遊戲設計師、41歲的羅納德‧傑拉爾德‧韋恩（Ronald Gerald Wayne）也加入進來。

儘管賈伯斯與韋恩在年齡上相差21歲，但是他們還是成了工作上的好朋友，他們經常深入探討賺錢的道德問題。賈伯斯透過給韋恩10%的公司股份，誘使他成為公司的合夥人，剩下的股份由賈伯斯和沃茲尼克平分。

接下來要做的就是為公司取個名字，賈伯斯為此絞盡腦汁，無論吃飯、走路還是開車的時候，他都想著這件事情。有一天，在賈伯斯和沃茲尼克開車從農場返回家的途中，賈伯斯靈光一現，他興奮地喊道：「就叫蘋果電腦公司吧！」雖然此後，他們又想出了幾個名字，但始終還是覺得「蘋果」最好。

1976年愚人節那天，賈伯斯、沃茲尼克及韋恩做了一件影響深遠的事情：在賈伯斯養父母的車庫裡，他們三人簽署了一份長達10頁的合作協議，宣布公司正式成立。

偉大的、影響歷史的歷程就此開始了。

我們大多數人都有過創業的念頭，不甘心永遠屈居人下，但是如果真把辭職信和創業的戰袍捧到我們面前，我們恐怕又要退縮了，我們會想著這樣做要承擔的風險，會想著

失敗的痛苦,於是永遠不敢邁出第一步,而創業的良機也就這樣從我們手上溜走了。

如果誰有一份成功的夢想,那就不能隨波逐流,要向賈伯斯學習,不等不靠,細心發現機遇,看準了就要勇敢行動,大膽成立公司去實現自己的夢想,否則機會錯過,可能就永不再來。

# 先做正確的事，再正確地做事

有時，當遭遇失敗時，我們常關注於細節的好壞，卻忘記了起始的方向是否正確。也或許，是因為沒有勇氣返回起點去審視自己初始的選擇是否正確。要知道只有先做正確的事，然後才存在正確地做事。

1999 年，有部電影《微軟英雄》(*Pirates of Silicon Valley*)很紅，講的是比爾蓋茲與微軟、史蒂夫・賈伯斯與蘋果電腦的故事。其中有這麼一句臺詞：「我們必須做正確的事」。

所謂的「正確」分兩步走。第一步是「做正確的事」，強調的是在做事之前要先做出選擇，也就是說，先要有一個正確可行的目標或方向，它確保我們的工作是在堅實地朝著自己的目標邁進。而一旦對自己的目標、方向明確了，必須進入「第二步」：「正確地做事」。

1998 年，賈伯斯推出 iMac 的時候，機器沒有安裝當時被視為標配的內建軟碟機，而只裝了一個 CD 儲存驅動器，賈伯斯認為軟碟機已經過時，網路時代會讓人們有更好的儲存和傳送資料的方式。如今我們的電腦基本上都沒有軟碟機，有了軟碟機反而顯得多餘。但是，在當時，不配備軟碟機可是一個膽大妄為的行為，媒體和顧客對蘋果紛紛強烈抗

## 3　成功不存在捷徑

議，一些所謂權威人士也分析說，缺少軟碟機是蘋果一個致命的錯誤，並且這一錯誤會讓 iMac 注定失敗。

賈伯斯對此也很惱火，他發表了一個言辭激烈的批駁：「走著瞧吧！你應該做正確的事。就拿軟碟機來說，人們就是腦袋不清楚。誰會把 4GB 的硬碟資料備份到 1MB 的磁碟上？」無論外界怎樣大驚小怪，賈伯斯都毫不動搖，他堅信，軟碟機將逐漸被淘汰。

「走著瞧吧！」賈伯斯正是因為看到了未來電腦的方向，於是果斷地拋棄了軟碟機，並使用 USB 接口，為 iMac 注入了超前一步的亮點。

實際上，做正確的事並非輕而易舉，事實上有時的確很艱難。但要記住，做正確的事始終都是正確的。

簡單說來，第一步做正確的事，談的是價值觀，包括絕不將公司賤賣、有開創一個革命性時代或者領域的決心。而第二步事關方法論，就是具體怎麼做的事了。只有價值觀而沒有方法，意味著會半途而廢；如果只有方法而沒有價值觀，則可能會誤入歧途，只有兩者相得益彰，才有通向偉大的可能性。

賈伯斯的夢想很明確，那就是推出一款具有革命性意義的先進電腦，他成立皮克斯就是基於這個夢想。

當年，當賈伯斯來到盧卡斯的電腦動畫部後，盧卡斯為

他演示了 Pixar Image Computer 的動畫製作系統，並詳細地向他解釋了這套動畫製作軟體的工作原理和流程以及如何在電腦上生成生動逼真的影像和動畫短片。這種具有強大影像處理能力的電腦立刻吸引住了賈伯斯，他的直覺告訴他，這是一臺具有革命意義的先進電腦，它必將引領專業影像處理電腦的潮流，他當即決定收購盧卡斯的電腦動畫部，成立皮克斯動畫工作室，他相信其能夠迅速為他帶來利益。

然而，這一點賈伯斯判斷錯了。此後，10多年，因為與皮克斯的兩位負責人在策略發展上的分歧，皮克斯基本上都處於虧損狀態，賈伯斯希望研製具有超強影像處理能力的先進電腦，然後將其推向市場；而皮克斯的兩位負責人只是把電腦當工具，他們想的是藉助電腦製作動畫電影來賣。因此，皮克斯的發展艱難，但無論怎樣艱難，賈伯斯都沒有將皮克斯賣掉，因為他相信自己的夢想和直覺。

再後來的事情，大家都知道了，皮克斯引發了動畫電影的革命，做出了具有劃時代意義的事情。雖然歷盡波折，賈伯斯還是成功了。

賈伯斯收購皮克斯，是「做正確的事」，他的第一步是成功的；但接下來，賈伯斯走了彎路，他沒有「正確地做事」，所以一直賠錢。但是，賈伯斯修正了自己的錯誤後，事情立刻發生了革命性的變化，一件偉大的事情發生了。

可以說,「正確地做事」是以「做正確的事」為前提的,如果沒有這樣的前提,「正確地做事」將變得毫無意義;先要做正確的事,然後才存在正確地做事。

「磨刀不誤砍柴工」,意思是說做事情之前,先做好準備,最終肯定會事半功倍。磨刀就是「做正確的事」,而用一把鋒利的刀來砍柴,則是「正確地做事」了。試想,用一把鈍刀去砍柴,只怕人要活活累死了。

簡言之,只有先「做正確的事」,「正確地做事」才有真正的意義,而只有「正確地做事」,才能保證「做正確的事」的貫徹實施。

# 盡最大努力去做，
# 你將獲得驚人的回報

不要埋怨生活，不要哀嘆命運，在總結不成功的原因之時，你是否問了自己一句：你盡了最大努力嗎？不要懷疑自己的能力，只有盡最大的努力去做，生活才可能給你最豐厚的回報！

賈伯斯曾打電話給美國太空總署，問能不能把自己扔到「挑戰者號」太空梭上去；他還去了蘇聯，想在那裡開設一所電腦學校；他甚至跑到法國的南部，試圖以「孤獨的藝術家」的身分申請移民……

這是賈伯斯經歷人生第一次失敗後的舉動，那時他剛被蘋果驅逐。

但「從哪裡跌倒就從哪裡爬起」，時隔 12 年後，賈伯斯又回來了，以一種「復仇者」的姿態。一系列電子消費品的成功上市，如 iPod，iPhone 等，蘋果再次引領了世界的潮流。2003 年，賈伯斯接受了《滾石》(*Rolling Stone*) 音樂雜誌的採訪，在採訪中他說：我所遇見過的所有的藝人，幾乎每個人都擁有一個 iPod，幾乎所有唱片公司的老闆也都擁有一個 iPod。

這是對賈伯斯成功的證明，是對他的努力的回報。因為在此之前，蘋果也曾經推出過幾款消費電子類產品，如 Newton，Pippin 等，可最後皆以失敗告終。也正因為如此，賈伯斯對 iPod 傾盡了心血，他不但對研發人員要求嚴格，對自己更是嚴格要求。iPod 的首席設計師這樣回憶道：「當時，為了編寫第一代 iPod 使用者介面，每天晚上，賈伯斯都要和我們從 9 點一直做到深夜 1 點。」

所有參與 iPod 研發的人，無論他們是否喜歡賈伯斯，都無法否認賈伯斯的巨大付出。為了讓 iPod 更加完美，賈伯斯想盡了辦法，而且在賈伯斯的帶動下，蘋果員工加班工作，在許多人看來，iPod 已經夠完美了，賈伯斯的苛求有些過分了。但用賈伯斯的話說：「我們都希望隨身攜帶全部的音樂資料庫。這是個非常艱辛的工作，因為我們需要這個產品，所以我們要賣命工作。」

為了讓 iPod 外觀看起來更有藝術感，賈伯斯苦思冥想，決定幫 iPod 白色的外殼再增加一層透明的塑膠。但當時沒有現成的技術，研發團隊不得不四處尋找，耗費了大量精力。

但賈伯斯堅持這樣做，他說：「高標準嚴格要求自己，把注意力集中在那些將會改變一切的細節上。想變得卓越並不困難，從現在開始，盡自己的最大能力去做，你會發現生活將給你驚人的回報。」

回報的確是驚人的。

iPod一上市,就引爆了購買風潮。2002年,iPod賣出了160萬臺;到2004年,iPod在全球銷售額突破了45億美元。iPod的影響力遠遠超過了蘋果電腦,它成了一種文化和身分的象徵。

2003年,在接受某雜誌的採訪時,賈伯斯說道:「有段時間非常艱難,由於各種原因,許多人並不接受麥金塔電腦,他們選擇了Windows。我們賣力地工作,卻沒有起色。有時不禁會懷疑是否是自己錯了,或許我們的東西不夠好,或是人們並不在乎,這令人更加沮喪。但透過iPod,我們從作業系統的玻璃天花板底下走出來了。iPod占領了70%的市場占有率。在經歷了這麼多年的艱辛勞動後,很難告訴你iPod的成功對我們有多重要。這如同一針強心劑。」

盡最大的努力去做,才有可能得到驚人的回報。了解賈伯斯的人都知道,只要是賈伯斯做的事情,他都會盡全力做好,並且也會要求其他人這麼做,這也是賈伯斯能引領潮流、改變世界的根本原因。

有人說,賈伯斯以一己之力改變了電腦、音樂、手機、動畫甚至零售業。在數十年的時間裡,蘋果的股票漲了大約5倍。2006年,賈伯斯以74億美元將皮克斯出售給迪士尼。

盡最大努力去做,從現在開始。賈伯斯能有如此輝煌的

## 3　成功不存在捷徑

成就是他努力的結果,每一個細節他都要盡善盡美,天不負人,你付出多少,便會得到多少。

因此,對於還處在困境中的人來說,不要埋怨生活,不要抱怨命運,在總結不成功的原因之時,你是否問了自己一句:你盡了最大努力了嗎?不要懷疑自己的能力,只有盡最大的努力去做,生活才可能給你最豐厚的回報!

美國一位心理學家曾經說過:「我們只用了身體和精神上的一小部分資源,有待開發的地方還有很多。你內在的力量是獨一無二的,只有你自己才知道自己能做什麼,但是,除非你真的去做,盡最大的努力去做,否則連你也不知道自己能做什麼。」

# 別讓「自我設限」扼殺你的夢想

儘管我們的先天條件優勢不夠,但這並不意味著我們的命運就此定型,我們要勇於挑戰、充實自我,不要畫地自限,只要突破自我,我們的發展一定會比想像中要好。

每個人的自身條件都不同於他人,但這並不是成功的決定性因素。因為有很多看似命運欠佳的人也獲得了成功,而一些看似條件非常好的人卻失敗多多。

蘋果的核心人物──賈伯斯,被奉為創新之神,就連競爭對手比爾蓋茲也說他是一個「IT狂人」、「設計天才」。僅在亞洲,賈伯斯就擁有遠遠多於比爾蓋茲的外觀設計專利。儘管歷經波折,但賈伯斯的創新步伐卻從未停下。

他既是一位勇於打破規矩的天才,同時也是一位對世道有獨特見解的思想者。有人說他是用右腦顛覆左腦的第一人,有著超乎常人的非同凡響的理念。對於賈伯斯來說,只要敢想,就敢做,他覺得沒什麼不可能。

12歲時賈伯斯就曾有過驚人之舉。在他家搬到洛斯阿爾托斯市後,還是小電子狂熱者的賈伯斯開始了設計頻率計數器的工作。有一次,製作東西時缺少零件,他便翻開電話簿,找到惠普的創辦人及執行長惠利特(William Hewlett)的

## 3　成功不存在捷徑

電話號碼就打了過去。「我是史蒂夫・賈伯斯，」他說，「我正在製作一臺頻率計數器，不知您能否為我提供點零件。」惠利特接到這個電話感到非常吃驚，但是他還是耐心地對賈伯斯技術指導，提供了零件，還邀請賈伯斯暑假時到惠普工作，這個大膽的男孩給他留下了深刻印象。

「我只是在帕洛阿爾托的黃頁上看到了他的名字。」賈伯斯後來解釋道，「他接了我的電話，他根本不認識我，但和我聊了差不多有 20 分鐘，而且最後還答應給我一些裝置，真是個好人。另外，他還讓我暑假時去惠普工作，在生產線上組裝頻率計數器……嗯，『組裝』這個詞太大了，我只是負責鎖個螺絲帽。但是這無關緊要，能叫我去工作，我就高興死了。」

這是賈伯斯的第一份工作，隨著他的日漸成熟，他開始意識到他的生活中除了電子學或許還應該有些其他東西。「記得第一天從惠普公司生產線上工作回來，」他後來回憶道，「我就興高采烈地把我在惠普公司的快樂和幸福告訴一個叫克理斯的傢伙——我的學校室友，還告訴他電子學是這個世界上我最喜歡的東西。我還問他最喜歡的東西是什麼，他不屑地看了我一眼，說：『性愛！』那一年夏天我了解到其他很多東西。」

在賈伯斯的頭腦裡，就沒有什麼不可能的。他認為，只

要頭腦裡有個好主意，就應放手去做，自己一定會成功。

1971年10月，16歲的賈伯斯在雜誌上看到一個關於「藍盒子」的新聞報導，這一下引起了他的興趣。「藍盒子」是一種可以盜取電話線路的設備，擁有藍盒子的人可以免費撥打電話。

賈伯斯很興奮，躍躍欲試，他把這個消息拿給沃茲尼克看，沃茲尼克看過後，很自信地說：「我們也可以做出來，而且能做得比原來的更好。」於是，兩人便開始投入到「藍盒子」設計中。他們經過了多次失敗，但每次失敗之後，他們都會融入更多的創新理念。最後他們終於完成了自己的「藍盒子」。並且他們的產品還設定了自動啟動的裝置，不需要開關，一有人撥打電話，它就會自動啟動。

「藍盒子」成功使用之後，據說沃茲尼克曾經使用它打電話給羅馬教廷所在地梵蒂岡，聲稱自己是美國前國務卿亨利‧季辛吉（Henry Kissinger），為了增加可信度，沃茲尼克講話時特別模仿了季辛吉的德國口音，要求和羅馬教宗通話，但當時羅馬教宗正在睡覺，他的要求被拒絕了，他還裝作很生氣的樣子結束通話了電話。

當他們向身邊朋友賣弄時，竟然人人都想跟他們要上一個。賈伯斯立刻意識到了裡面的商機，他說服了沃茲尼克，向加州大學柏克萊分校的同學兜售「藍盒子」。他憑藉買電子

## 3　成功不存在捷徑

零件時討價還價的本事，第一批藍盒子每個賣 40 美元，由於非常熱銷，賈伯斯果斷提高了價格，賣到每個 150 美元並提供售後服務，最後竟賣到每個 300 美元。兩個人透過這個方式賺了不少錢，但由於盜打電話情況嚴重，電話公司開始調查，賈伯斯的生意越來越困難，直到一天晚上，在停車場推銷產品的賈伯斯察覺到一支槍對準了他。

賈伯斯自小被親生父母遺棄，童年生活也過得很艱辛，而且他性格孤僻且愛哭，但在他的心裡，沒有什麼可以阻擋他，只要他想到了，他就會去做，不會因為條件限制就止步不前，他堅信自己能改變世界，沒有什麼可以扼殺他的夢想。

「囚」字，一個人一旦被關進牢籠就會失去人身自由。思想同樣如此，人們一旦將思維局限在一個框框裡，就會失去生活的熱情、成功的動力。無論我們處在怎樣一個不利、艱難的環境中，都不能自我設限，這樣才能扼住命運的咽喉，實現自己的夢想。

# 4　像個初學者,保持好奇

一個人如果永遠對世界充滿好奇,他就會不斷創新,最終將成就一番偉業。

## 4　像個初學者，保持好奇

### 擁有初學者的心態是一件了不起的事

保持初學者的心態相當重要，它是人求知的動力，也是突破自我、打破常規的重要方法。擁有初學者心態的人常能創造出驚人的奇蹟，甚至改變人們的生活，因為初學者的世界無所不能。

有位禪宗大師曾說：「初學者看待問題的角度各式各樣，但專家看待問題的角度少之又少。」專家的世界是有限可能的，但初學者的世界無所不能。

初學者的心態說的是一種心思狀態。對我們大多數人來說，思維會經常在無意中被秩序制約，過去的思考模式，或是過去的經驗，會讓我們的思考能力僵化，我們看待問題、事物的角度未免單一，或者說，我們不再熱衷於問為什麼。而初學者的心態，就在於使自己擁有不斷提問的精神，而不是只為得到一些答案。

擁有初學者的心態，我們就要像設計師一樣思考。作為一名設計師，保持初學者心態相當重要，它是人求知的動力，也是打破常規、突破自我的重要方法。擁有初學者心態的人常能創造出驚人的奇蹟，甚至改變人們的生活，商界奇才賈伯斯就是一個典型的例子。

## 擁有初學者的心態是一件了不起的事

賈伯斯是一個卓越的設計師，每個蘋果產品都是那樣具有革命性，影響甚至改變了人們的生活。從 Apple Ⅱ、Macintosh、iPod、Power Mac G5、MacBook Air 筆記型電腦到 iPod shuffle 5 代、iPod touch 4 代、iPod nano 6 代，每一個產品的誕生，都是電子產品和電子商業圈內的一個奇蹟。

為什麼賈伯斯能做到這些？因為，作為一名設計師，他懂得冒險的必要性，尤其是在探索問題的初期，他不怕或者根本就是希望打破常規，新發現就是這樣形成的。一個好設計師不排斥並且善於對待事物初期的模糊狀態，這更能讓他有發揮的空間。

以 iPhone 為例，當賈伯斯宣布要生產手機的時候，所有人都認為他瘋了，因為手機市場實在太難進了，當時早已經有如 Nokia、摩托羅拉、三星等大廠霸占著市場，蘋果要進入手機市場談何容易。

然而，賈伯斯堅持自己的想法。他認為，手機是必需品，但有時候人們並沒有時間去了解和調查。「人們沒有時間去了解這些東西，而且這些也變得越來越複雜。」賈伯斯這樣說道。在人們對手機已形成固定思維時，賈伯斯卻看出了不同，他要改變。

於是，他推出 1 代 iPhone，將一切簡化，手機的前景從此改變。短短幾年時間，全世界就颳起了一股 iPhone 熱，

## 4　像個初學者，保持好奇

iPhone4更是火熱得需要預訂。比較之下，曾經的手機三大大廠——Nokia、摩托羅拉、三星，黯然失色。

為何賈伯斯能在常規中脫穎而出呢？這可能要得益於賈伯斯對佛教的痴迷了。賈伯斯自稱為佛祖在人間的選民，對佛經也有很深入的鑽研，佛經裡的哲理對他深有啟發。在一次演講中，賈伯斯把自己的心得拿出來與大家分享，他說：「佛教中有一句話：擁有初學者的心態是件了不起的事情。」

其實，從Apple II開始，賈伯斯那種初學者的心態就明顯地表現出來了。當時，為了能趕上美國西岸首屆電腦博覽會，沃茲尼克加班趕製Apple II。賈伯斯也想為這臺夢想中的電腦貢獻自己的力量，不過在外人看來他沒有沃茲尼克的技術天分，只不過是想在Apple II上留下一點賈伯斯的印記罷了。賈伯斯整日嚷嚷著要改變Apple II的外殼。因為當時所有電腦的外殼都是金屬的，顯得非常粗陋笨重。「難道電腦的外殼必須得是這個樣子嗎？它就不能是塑膠的嗎？」其他人覺得賈伯斯這個想法非常好笑，向他解釋說，所有的電腦都是這樣子的，怎麼會有塑膠外殼的電腦呢？何況這樣還會增加電腦的成本。但他們這個理由沒能說服賈伯斯，賈伯斯堅持Apple II的外殼必須是塑膠的，而且整個機殼的設計要線條流暢、美觀大方，每個接口也都必須達到這個要求。

此外，賈伯斯又提出了一個大膽的設想：「為什麼電腦上

擁有初學者的心態是一件了不起的事

必須裝有風扇呢？Apple II 上不能裝這個東西。」因為風扇噪音比較大，去掉風扇可以讓使用者更心神愉快地操作。但研發人員覺得賈伯斯這個想法實在是荒唐透頂，「電腦怎麼可能不裝風扇？沒有風扇散熱，機器非冒煙不可。」但沒人能改變賈伯斯的想法，他整日和工程師泡在一起，研究如何用另一種方法替代風扇散熱。結果還真的讓他們研製成功了。

1977 年 4 月，美國首屆電腦博覽會在西岸開幕了。為了在博覽會上打響名聲，賈伯斯四處奔走，花費 5,000 美元巨資，在博覽會上弄到了最大最好的展位。展位上安放了一塊煙霧狀的背光樹脂玻璃板，上面印有蘋果的名稱及商標。展臺上擺放著 3 臺新型的 Apple II 電腦和 1 臺寬螢幕顯示器。而其他公司所用的展臺都是摺疊式的，上面是手寫的各種標語，比蘋果遜色很多。

等到博覽會快開幕的時候，為 Apple II 設計的新機殼終於運到了。但是當賈伯斯看到這些機殼時，大為惱火：「太難看了！」他立刻命令幾個員工開始打磨、刮擦和噴漆。

第二天上午 10 點，博覽會正式開幕。等博覽會的大門打開以後，首先映入參觀者眼簾的就是光彩奪目的蘋果電腦：它一改過去個人電腦沉重粗笨、設計複雜、難以操作的形象，只有 12 磅重，僅用 10 顆螺絲釘組裝，塑膠外殼美觀大方，看上去就像一部漂亮的打字機。人們都不敢相信這部小

機器竟能在大螢光幕上連續顯示出壯觀的、萬花筒般的各種色彩。

Apple II 是真正意義上的電腦，它創造了電腦歷史上的多項第一：第一次將 BASIC 程式語言固化在 ROM 內；第一次有塑膠外殼；第一次實現 CPU 和主機板共享 RAM；第一次自帶電源裝置而無須風扇；第一次裝有英特爾動態 RAM；第一次可玩彩色遊戲；第一次有內建揚聲器；第一次裝上遊戲控制鍵；第一次在主機板上帶有 48K 容量；第一次具有高解析度彩色圖形介面。

Apple II 在交易會上一鳴驚人，幾千名使用者湧向展臺，觀看、試用，訂單紛紛而來。數月之內，他們接到 300 份 Apple II 訂單。到 1979 年，Apple II 已成為商業界必備的電腦設備。到 1980 年，Apple II 及其各種改進機型的銷售量達到了數十萬臺，成為了真正的大眾電腦。

Apple II 的成功賈伯斯功不可沒，如果不是他提出幾個「幼稚的」的問題，不盲從市場上已流行的電腦造型，Apple II 絕不會如此「驚豔」。

這就是一種初學者的心態，不被約定俗成的一切或所謂的常識所左右，以一種開放的心態去接受新事物，而不抱任何事先猜測的想法。我們所知道的一切皆屬於過去，而現在的每一刻都是新的，如果抱著過去的經驗或常規的知識不

放,就難以有所突破。即便你是一個專家,如果你以一種開放的心態去傾聽他人所說的話,你有可能發覺一個初學者也會教給你一些東西。

## 4 像個初學者，保持好奇

### 永遠像新生兒一樣對世界充滿好奇

當一個人不再好奇的時候，就意味著他不再有創新，注定碌碌無為。

你是否經常認為自己不是一個很有創意的人？你是否認為玩弄小零件是在做無聊的事？你是否會放縱你的好奇心？你是否擔心會被別人當傻瓜來看？你是否會毫無疑義地遵守那些教條？那些受信仰和原有觀念束縛的思想只會限制你捕捉機遇的能力，所以確認並且扔掉那些限制你發展的信仰吧。

設想下像小孩子那樣的生活方式，他們對所有事物都抱著強烈的好奇心。我們大多數人曾經也有這樣的好奇心，不過，隨著年齡的增加，我們的稜角被磨平了，逐漸對一切熟視無睹，沒有一點新鮮或刺激的感覺，簡言之，我們已沒有太多的好奇心。然而時間一直往前走，並不顧忌我們的存在，如果我們渾渾噩噩地生活，我們會失去更多。

事實確實如此。為什麼賈伯斯能屢屢讓世人驚喜、能改變世界？這是因為好奇心，可以說，好奇心貫穿了賈伯斯的一生。

在賈伯斯10歲的時候，就經常拆卸一些電子產品，以

## 永遠像新生兒一樣對世界充滿好奇

滿足自己的好奇心。雖然拆卸這些電子產品時，可能會被電到或傷到，但賈伯斯依然興致不減。因此在賈伯斯很小的時候就弄懂了許多電子產品的工作原理。用賈伯斯自己的話來說：「這些電子產品已不再神祕，它們都是人類創造力產生的結果，而不是一些不可思議的東西。」

長大後的賈伯斯保持了當年的那份好奇心和求知欲。每當一件設計好的模型被送到賈伯斯面前時，無論設計師誇耀自己的成果如何美妙，賈伯斯總會像一個充滿好奇心的孩子一樣，像愛迪生那樣帶著許多「為什麼」去觀察這件產品，他會問：「為什麼這個產品是圓的而不是方的？」、「為什麼它不是藍色的呢？」、「為什麼它會發光呢？」、「為什麼要這樣做？換個方式可以嗎？」等等。他問的問題在別人看來，很多都是常識性的問題，「為什麼這樣？」因為大家都是這樣做的啊！賈伯斯是否太「幼稚」了呢？

然而，那些最激動人心的突破、最震撼世界的創新，往往來自對司空見慣的現象提出「為什麼」和「如果不這樣會發生什麼」而引發的思考。如果賈伯斯沒有提出「為什麼在筆記型電腦和智慧型手機之間，不能有一個中間類型的電子設備呢？我們來製造一個怎麼樣？」那麼，風靡世界的 iPod 也許根本不會誕生。

賈伯斯年紀輕輕就功成名就，成了各大媒體爭相採訪的

對象。為了解這位年輕的電腦革命之父,《花花公子》(*Play-boy*)派出了記者大衛・謝夫(David Sheff)前往矽谷專程採訪。對於此次採訪,大衛・謝夫後來回憶說:「在我做採訪的一生中,有好幾次採訪都是只有我一個人穿得過於正式,這次採訪我也犯了這樣的錯。其實,我對蘋果的休閒風格早有耳聞,但是,我想我要採訪的,畢竟是一家收入超過 10 億美元、影響力巨大的公司的老闆,所以我還是選擇西裝革履地去了。當我在賈伯斯位於加州庫比蒂諾的辦公室裡見到他時,他穿著休閒,法蘭絨上衣和牛仔褲。我此時感覺還好,但當我見到蘋果的新執行長約翰・史考利時,才感覺格格不入起來,因為這位新執行長也穿著 T 恤。」

「蘋果的辦公室顯然與大多數企業迥然不同,」大衛・謝夫說,「在這裡,遊戲機隨處可見,桌球檯也很多,音響聲音放得很大,播放的音樂從搖滾樂到爵士樂,應有盡有。會議室以達文西和畢卡索來命名。零食間的冰箱裡放滿了新鮮可口的胡蘿蔔、蘋果和橙汁,有人告訴我,單是 Mac 團隊每年的鮮榨果汁費用就高達 10 萬美元。

我跟賈伯斯談了很長時間,既包括在工作日,也包括在他一年中唯一的兩天年假。他原本想在亞斯本的一個溫泉療養地放鬆一下,但是由於無法放下傳遞蘋果信念的使命,他非常嚴肅地與我談起了與 IBM 的廝殺 —— 但隨後又不斷地

被他那些『太棒了！』、『酷』和『好得難以置信！』的理念所帶來的熱情打斷。

在我這次採訪即將結束的時候，正好紐約市一個9歲的小孩舉辦了一次生日宴會，有眾多名流到場，賈伯斯也出現在了那裡。傍晚時分我正四處閒逛，發現賈伯斯把那位小壽星帶到一邊，並送給他一件從加州帶來的禮物：一臺Macintosh電腦。這引起了我的興趣，只見他在教這個小壽星怎麼用這臺電腦的畫圖程式繪製草圖。這時，有另外兩位客人也來到房間裡，『嗯，』第一位客人安迪‧沃荷（Andy Warhol，一位藝術家）說，『這是什麼？看這個，凱斯。哇，不可思議！』第二位叫凱斯（Keith Haring）——一位作品已非常值錢的塗鴉藝術家——的客人，湊了過來。沃荷和凱斯要求操作一下Mac。當我打算離開時，沃荷剛坐下來嘗試使用滑鼠。『我的天！我畫了一個圈！』他驚嘆道。

但更發人深省的事情發生在宴會之後。當其他人走後，賈伯斯還在教這個小壽星使用Mac的一些細節功能。過了一會，我走過去問他，為什麼他跟這個小男孩在一起好像比跟那兩位著名藝術家在一起更高興。他的回答令人深省，他說：『老人坐下來問，這是什麼？但是這個男孩卻問，我能用它做什麼？』」

兩位藝術家比不上一個小男孩，因為小男孩身上所具有

## 4　像個初學者，保持好奇

的好奇心和求知欲是「老人」所缺乏的，儘管藝術家也力求探索這個世界的真理。所以，賈伯斯常對人說：「永遠要像新生兒面對這個世界一樣，永遠充滿好奇、求知欲、讚嘆。」

你帶小孩子去看過電影嗎？小孩子往往會給你些驚喜，他會在電影院的走道上捨不得走，饒有興趣地看著大螢幕，還會興致勃勃地觀察每一個坐在周圍的觀眾，如果一些音樂聲過大他會害怕。如果螢幕上有怪物出現，他會怕得閉上眼睛，遇到好笑的情節他會笑得很大聲。在電影院的每時每刻，他都一一體驗並享受，他的好奇心讓他感受到了這一切。

回想自己，是否已被陳規陋俗、司空見慣的現象所纏繞，對這個世界不再有好奇心了呢？想想有多久，你已不再問「為什麼」了。我們越來越習慣於接受，對什麼都覺得理所當然，覺得毫無新意可言。

生活中，我們常會見到兩種截然不同的人，一種是60歲的年齡依然「童心」如故，一種是年紀輕輕卻老氣橫秋。有的人在黃金年齡就失去了創造力，事業止步不前；而有的人卻始終對生活對工作充滿了熱情，步步高昇。人生的起點原本相同，我們都對世界充滿了好奇和熱情，但在成長過程中，好奇心的丟失會導致完全不一樣的人生。

就像新生兒一樣,我們應對這個世界充滿好奇,隨時隨地對世界保持新鮮感、保持疑問,不要認為一切都理所當然,不要被司空見慣的現象矇蔽雙眼,如此才能與社會的前進同步。

## 4 像個初學者，保持好奇

### 世間所有的事都有千絲萬縷的連繫

成功絕不是一個偶然事件。所謂成功的人，大部分絕不是幸運的結果，他們一定是比別人更努力，比別人付出更多，經歷了更多的磨難，是踩著無數的失敗和痛苦走過來的。

人的一生，成功或失敗，富貴或貧賤，絕非偶然，看一個人現在有什麼樣的結果，你就可以知道他過去曾經種下了什麼種子。凡事都是先有了引發事件的原因，才會產生事件本身的結果。

曾風靡一時的韓劇《大長今》，成為很多人的勵志必看劇。看過此劇的人都知道，歷經坎坷的長今透過不斷努力，最終走向了成功。那麼，她成功的原因究竟在哪裡？為什麼很多比她條件還好的人卻沒有達到目標？

長今遇到困難時從不抱怨和逃避，她會馬上去尋找可突破、化解的機會。每次遇到困難，她都會用一句話進行自我激勵：我絕不放棄！我一定要找到解決問題的辦法！

《大長今》從虛構的情節中道出了一個為人們所熟知的道理：一個人之所以會有今天的結果，一定是因為有了過去曾經說過或者做過的事情，這就是有些人會失敗，有些人會成

功的原因所在。

在日常生活中,只要我們細心觀察,隨處皆能領會這個道理。以個體來說,如果一個人待人誠懇、親切,那他的人際關係就好;相反,如果一個人冷漠、自私自利,別人就會對他敬而遠之。積極進取、工作認真的人,就能學到更多的知識、累積更豐富的經驗,自然能得到肯定和提升,實現自我價值和社會價值;而偷懶、好逸惡勞或不務正業的人,則會懈怠墮落,終究一事無成。

很多人只看到了別人成功的風光,卻看不到他們背後的付出。在蘋果的再次成功中,很多人對賈伯斯所形成的作用持懷疑態度,認為賈伯斯只不過是運氣好,他正好在一個恰當的時機,接收了注定會成功的 iMac、iPod 產品,沒有他,蘋果也照樣能夠成功。

相信這樣的觀點連比爾蓋茲都不會認同。比爾蓋茲具有非凡的商業眼光,他總是能夠在別人之前提出新的概念。比如平板的概念就是比爾蓋茲提出的,但是,微軟卻並沒有因此領先或占領市場。真正將其發揚光大的是賈伯斯,他總是能夠在合適的時候推出合適的產品,連比爾蓋茲也不得不服。有人說賈伯斯太固執、獨裁,正因為如此,他才能夠完全主導產品的發展方向,能夠固執地讓產品按照他的要求開發下去。在他挑剔的眼光下,蘋果推出的產品想不優秀都不可能。

## 4　像個初學者，保持好奇

　　一位科技公司董事長對賈伯斯也很有研究，在一次研究中，他說：「我一直在想，究竟賈伯斯為什麼能想到 iPhone 這麼一款產品？首先我覺得這一定不是一個造化於密室，然後用幾年時間去實現的靈感。我甚至可以說賈伯斯一開始是沒有策略的。為什麼呢？因為其實策略就是四句話：我是誰？我在哪裡？我做什麼？我不做什麼？像麥肯錫幫一些公司做的策略規劃，往往是在成熟的產業去做同業分析，比如微軟也會請專家說你看 Google 是怎麼做的，但這種策略總是對一個已有的成熟套路的總結和改良。蘋果這種創新是一種顛覆，是在走向一個未知領域。你對什麼都是未知的，剛開始一定是摸著石頭過河，但賈伯斯會不斷地掌握好每一步，再加上他很多年的各種累積——這些累積我相信一開始是存在於你腦海裡某一個地方，並不發揮作用，但是你走到這一步的時候它就開始發揮作用了——最後才有一個從自發到自覺的過程。

　　回想一下當初的蘋果，它也是沒辦法，它做電腦實在是賣不過戴爾，做作業系統也打不過 Windows，就先做了一個外形很時尚的音樂播放器。

　　我想第一版 iPod 出來時比爾蓋茲一定在偷笑，說賈伯斯一定是昏了頭了，做了一個已經爛大街，隨便幾百塊錢可以買到的 MP3 播放器。

## 世間所有的事都有千絲萬縷的連繫

但其實賈伯斯非常尊重使用者的需求。我相信他當時也受到了外界的啟發，比如當時已經有了 Napster 這樣的產品，證明年輕人非常歡迎這種東西 —— 其實我們都知道音樂對青少年的重要性，當年我們上大學時誰沒有隨身聽？說是學英文，主要還是聽歌，這是最本質的需求。可如果你不是非常重視使用者的需求，你就會忽略它。

大公司忽視這個需求，那些做 MP3 播放器的小公司知道這個需求又沒有能力把事情做好。正是這樣一個中間地帶給了賈伯斯一個機會：他能做作業系統，能做硬體，應用軟體也能做。這些事業都能自己做，做個 MP3 播放器，就像『殺雞用牛刀』。

我猜蘋果做 iPod 的時候也沒想到日後的 iPhone 和 iPad，只是它基於 iPod 做了很多探索。你看，它先把 iPod 從黑白螢幕變成一個很小的彩色螢幕，一開始只能看照片，然後這個螢幕再擴大，能看影片。這個時候你再加一個通話模組是不難想到的。等有了 iPhone，你再想到把螢幕再放入變成 iPad，也是順理成章的 —— 賈伯斯的策略都不是大跨步的策略，而是一步一步地，他每一步都是在不斷地捕捉當前的使用者需求和市場狀況，然後再往前走一步。

iPod 賣了 1 億部之後再做 iPhone，你不感覺水到渠成嗎？可是如果沒有這每一步的累積，沒有使用者的基礎，如

果第一步出來就是 iPad，會怎麼樣？

其實蓋茲很早就有了平板電腦的想法，也早就做了智慧型手機。但蓋茲犯了一個什麼錯呢？就是蓋茲手裡有一個榔頭，他把所有東西都當釘子。蓋茲有 Windows，而桌面上的 Windows 是針對滑鼠和鍵盤的，他做手機作業系統時也是這麼做的。其實平板電腦明明是用手觸控的，你卻要像用滑鼠一樣使用『開始』按鈕去點開裡面的程式，這不是很傻嗎？這就是不考慮使用者。

但賈伯斯非常地關注細節。你看賈伯斯會趴在電腦上一個畫素一個畫素地看那些按鈕的設計，像他曾經跟他的員工說，你要把圖示做到讓我想用舌頭去舔一下。只有像賈伯斯這麼關注細節的 CEO，才能真正去了解使用者的需求。所以我不認為他做的所有事情都是一開始就從大方向上想好。相反你看英特爾、Nokia 這些公司做的策略，你會覺得所有的東西都很好，但就是離消費者太遠，所以結果要麼就是發現不了真實需求，要麼就是已經在市場上被證明的馬後砲的需求。」

沒有無緣無故的成功，賈伯斯取得的光輝成就，與他先前的付出是分不開的。他的固執、苛求、勤奮、努力、堅持，都為他後來的成功做了鋪陳。正如賈伯斯自己所說：「世間所有的事都有千絲萬縷的連繫。」有努力才會有回報，成

功絕不是偶然事件。

　　世間所有的事都有千絲萬縷的連繫。所謂成功的人，大部分絕不是幸運的結果，他們一定是比別人更努力，比別人付出更多，經歷了更多的磨難，是踩著無數的失敗和痛苦走過來的。別人看到的只是他今天的光輝和榮耀，卻不知道在他通往成功的路上，有著怎樣的艱難與辛酸……

## 4 像個初學者，保持好奇

### 不要被表象迷惑，要洞察事物的本質

在這個紛繁的社會裡，真正的陷阱會偽裝成機會，而真正的機會有時也會偽裝成陷阱。因此，不要盲目地相信一些表面的現象，要從現象中挖掘本質，要有自己的判斷。

人不易知，知人不易，在複雜多變的現實生活中，人們往往被表象所迷惑，被耀眼的光環矇蔽雙眼，無法正確地理解世界，無法穿越紛繁之表象直達事物之本質。

每個事物都有表象，在表象之下才是本質，有時它們是相符的，不過，大多數時候，它們是不一致的。每個人都有成功的特質，只不過那些不成功的人因為被表象所迷惑，不能洞察事物的本質，所以才無所建樹。

蘋果的產品都是以革命性、以改變世界為目標的，其實很多人、很多公司也有這樣的目標，也想達到這樣的目標，但是卻都沒有做到，為什麼？因為其沒有洞察事物的本質。

蘋果產品的設計一向為人稱道，令人愛不釋手，那麼是因為設計蘋果才成功的嗎？市場上也有很多設計傑出的作品，為何得不到人們的認同呢？其實，在賈伯斯的哲學裡，設計很重要，但設計只是手段，不是本質。

試想，如果設計是賈伯斯致勝的關鍵法則，那麼如何解

釋 NeXT 電腦的失敗?當時的 NeXT 電腦可謂「酷」得一塌糊塗。同樣,麗莎也是蘋果嘔心瀝血的產品,也遭遇了敗績。

2010 年,蘋果公司的市值超過微軟 1,000 多億美元,相當於超越了一個惠普,「難以置信」,這是很多媒體的評論,數年前,比爾蓋茲也不相信會有這樣的一天。曾經,微軟算是賈伯斯的第一個大敵,他痛罵微軟和蓋茲只會生產「三流產品」,還說如果讓微軟控制市場,將是巨大的災難,因為微軟不創新。而惠普則一度是賈伯斯想超越的公司,事實上,賈伯斯的矽谷之夢就起源於惠普。

蘋果公司的超越,有著革命性的意義,這不僅是一個公司的勝利,同時也是一種路徑的勝利。相對於微軟、惠普這種以技術取勝的公司,蘋果公司市值的狂飆,託身行動網路,依靠 iPod、iTunes、iPad、iPhone 等終端,在賈伯斯的引領下,蘋果公司已經建立了一個龐大的行動帝國。

值得研究的是,PC 業也發生了翻天覆地的變化,跌宕起伏,前仆後繼,然而並不是技術派先驅的蘋果公司基本上都踩對了點,從 PC 到電子消費品,再到網路,再到行動網路。為何蘋果公司能夠取得如此成就?

賈伯斯靠的不是一種技術導向,說要稱霸行動網路什麼的,而是基於深度理解「人性」後的殊途同歸,是一種基於「人」的競爭力。也就是說,賈伯斯抓住了本質。洞察人

性，洞察消費者的心理需求，從而打造出了受消費者喜愛的產品。

「不要被表象迷惑，要洞察事物的本質」，這是賈伯斯對年輕人的忠告，但這不容易，要鍛鍊很長時間才能有此本領。而且，在現實生活中，總會有很多表象真假難辨，甚至有些時候極其危險，如果不提高警惕，很多時候難免會落入陷阱。

其實，洞察事物的本質也是我們解決問題的關鍵所在。因為每個問題的產生，都有其內在原因，只要抓住了這個內在原因，就能將問題一舉解決。

起初，賈伯斯預計 Apple II 的銷售規模應該與 Apple I 差不多，因此，他大膽決定按照 Apple I 的機殼生產規模來確定 Apple II 的機殼生產量，這樣一來可以節省不少資金。但是，賈伯斯沒想到 Apple II 的銷售規模會超出 Apple I 許多，這就引發了一個嚴重問題：Apple II 的機殼生產線嚴重不足，而 Apple II 的購貨商和使用者在不停地催貨，機殼供應商也在索要貨款，否則就停止供貨，蘋果電腦公司的資金快無法周轉了。

史考特想盡辦法解決這個問題，他採用賒帳的辦法來購買機殼，要求機殼供貨商給蘋果電腦公司 45 天或 60 天的賒欠期，希望這樣可以延緩一下資金的流出速度；同時，將出

貨時間延後 30 天，爭取機殼的生產時間。但這解決不了根本問題，機殼供貨商和訂購使用者都非常不滿，機殼的生產量還是跟不上來。

這時，賈伯斯提出了一個解決方案：給機殼供貨商一定的經濟獎勵。詳細地說，就是如果機殼供貨商提前交貨，那麼每提前一個星期，蘋果電腦公司將給予 1,000 美元的獎勵。

這一招非常奏效。新的機殼生產線很快建成了，機殼被源源不斷地供應，蘋果電腦公司又可以正常供貨了，資金問題因而也得以圓滿解決。要不是賈伯斯這一策略，蘋果電腦公司可能真的就撐不下去了。

與史考特的辦法相比，賈伯斯的解決方案顯然更能觸動人心，用句俗話說就是「無利不起早」，有「利」才能帶動人的積極性，這也正符合馬克思（Karl Marx）所說的，商業的本質是利益。

其實，這樣的道理在我們的工作、生活中也適用，比如銷售談判、理賠溝通等等。這樣的事情迷惑性很大，因為對手總會千方百計地爭取自己的利益或逃脫責任，因此一定不要被表象所迷惑。當然，在商業往來中，誠信是非常重要的，但理性地判斷身邊的事物，洞察事物的本質，還是有必要的。

# 4 像個初學者，保持好奇

## 對待事物不要武斷，也不要有偏見

由於個人的學識、經驗、能力等因素，我們的判斷可能是不全面、不客觀的。

在武術世界中，想練成高手，都要保持「無知」的心態，如此才能不斷進取。因為人們很容易錯誤地判斷形勢：面對強大的對手或高難度的挑戰時，往往會認為輸的機會很大；而遇到較弱的對手或容易搞定的事情時，會輕易地認為自己一定沒問題。我們都可能在這兩種情形下犯錯。「無知」反而能讓我們擁有一顆沒有偏見或成見的心，能夠及時做出判斷，而不被以前的判斷影響。

有時，我們眼見的不一定就是真相，我們判斷的也不一定是對的，由於知識與經驗的限制，我們不能了解全部的真相和事實，再加上私心作祟，對待不同的事物我們很可能因為武斷而得出錯誤的結論。

在很多人眼裡，賈伯斯成熟睿智，引領了市場潮流。然而，在成功的道路上，賈伯斯也因過於武斷而犯下不少錯。自從 Apple II 成功後，賈伯斯就以為，只要有一款革命性的產品就能占據市場，就能贏得消費者的青睞，讓他們心甘情願地掏出鈔票購買他的產品。

1990年9月中旬的一個星期二,賈伯斯再一次去舊金山參加新產品發表會。他對自己的產品非常有信心,他相信在這次發表會上他會讓自己的 NeXT 公司走出困境的。新產品是 NeXT 公司研發的被稱之為 NeXT Station 的電腦。鑑於以前的失敗,在這款電腦的設計過程中,賈伯斯力爭避免那種好看、受人欣賞但成本昂貴賣不出去的情況發生。

新產品的機殼捨棄了以往那種獨特的立方體(這種設計成本很高),而是採用了比較傳統的,但也獨具特色的如同「披薩餅盒子」的設計。

「會讓你目瞪口呆。」賈伯斯在 NeXT 推出後不久,曾對自己的產品這樣評價。的確,眾多媒體對 NeXT 也充滿了溢美之詞,NeXT 似乎勢不可當,但當有人問及比爾蓋茲是否會為 NeXT 寫程式時,比爾蓋茲說:「為它開發應用程式?我沒興趣。」比爾蓋茲並不看好 NeXT。

但賈伯斯並沒有將此話放在心上,他相信,憑藉自己出色的產品設計,還有最先進的技術,NeXT 一定會熱賣,就像當年的 Apple II 一樣。但市場反應卻大大出乎賈伯斯意料:喝采者眾,購買者寥寥。1991年6月,大失所望的 NeXT 重要的投資者佩羅(Henry Perot)辭去了董事會成員身分,他抱怨說:「我真不應該投給這些年輕人這些錢。這是我犯過最大的錯。」

## 4 像個初學者，保持好奇

1992 年一年的時間，NeXT 也只賣出了 2,000 臺，這比蘋果一個星期的銷售量還少。NeXT 財務上捉襟見肘，最後，賈伯斯不得不將硬體業務賣給佳能。

實際上，NeXT 電腦的確很先進，有些地方甚至走在了市場前面，但是，由於賈伯斯錯誤地判斷了形勢，當年 Apple II 風行的環境不可複製，一味追求技術至上的思想，讓電腦成本昂貴，大眾難以接受。可以說，過去成功的經驗造成了賈伯斯的武斷和偏見，讓他對市場有了錯誤的認知，以為只要有了最先進的技術就能占領市場，結果是一敗塗地。

人無完人，最重要的是知道汲取教訓，客觀對待事物才能得出正確的判斷，這也是賈伯斯歷經挫折想要告訴我們的：「不要無端猜測、不要期望、不要武斷，也不要有偏見。」事實上，賈伯斯也時常受到來自外界的質疑。

因為賈伯斯熱愛創新，有很多理念別人都聞所未聞，以致人們送給他一個「瘋子」的稱號。光碟機剛剛產生時，商業直覺一向敏銳的賈伯斯立刻意識到了光碟機的重要性，決定在蘋果電腦上安裝光碟機，但是卻遭到了專家們的嘲笑。確實，在當時，這個想法太超前了，但事實證明，人們不得不佩服賈伯斯的先見之明。回想起來，賈伯斯設計出來的很多產品都是在人們的質疑甚至是嘲諷中成長起來的。

這啟發我們，就是在遇到新事物時，不要急於否定它，由於個人的學識、經驗、能力等因素，我們的判斷可能是不全面、不客觀的。不能對所有不符合傳統或主流的東西一概否定和抹殺。這有礙於我們進步。

如果你對非正統思想的第一反應是抗拒性的，那麼，不要急於發表你的意見和想法。你要想：「等一等，先聽聽他們是怎麼說的，讓他們發表完意見，聽完他們的整個構思後，再做判斷。」不要因為別人的提議有點奇怪或是遙不可及就立刻將其全盤否決。

給自己一點時間，待你的牴觸情緒過後，再重新看看那份與眾不同的提議或事物；或先將其擱置一邊，等過一段時間你的偏見消除後，再做考慮。哲人云：「建立在發明與想像之上的世界，只為證明根深蒂固的偏見。」這個社會上的所有，包括社會本身，都是靠人的發現和想像存在並發展的。在規律和必然性面前，關於真理、關於研究等，都可能只是前人的一些不成熟的結論或偏見。所以，我們對待事物不要武斷，也不要有偏見。

## 4 像個初學者,保持好奇

### 常保飢渴求知,常存虛懷若愚

在謙虛的指引下,人們就會渴望學習,從而使自己不斷進步,最終達到成功的巔峰。不能因為自己掌握了一些知識和思想就以為那是極限,以為已經完美從而再也不肯虛心學習了。學習是一個新陳代謝的過程,如果你總是抱著老舊的思想,不肯接受或學習新思想,你就會落後於時代。有生必有死,有新必有舊,只有不斷求新才會永遠充滿活力和創造力。

在人們眼中,賈伯斯就是一個創新的天才,與眾多天才人物相比,賈伯斯為何能有不竭的靈感和創意?安迪‧葛洛夫(Andrew Grove)曾這樣評價賈伯斯:「賈伯斯永遠是賈伯斯,他唯一可能的變化是頭髮變得更少。」

不過,在平常人眼裡,賈伯斯是一個從來不知謙虛為何物的人,他自大、張狂,令人生厭,只有在蘇格拉底這樣的名字面前,他才會收斂起來。如果當初他能夠稍微聽取一點別人的意見,也許就不會經歷那麼多的挫折。但是,從另一方面講,賈伯斯誠然是一個很謙虛的人,他推崇真正的知識,對美學、哲學等深為嘆服。這也是他能保持創作靈感的關鍵原因所在。

常保飢渴求知，常存虛懷若愚

我們能從賈伯斯 2005 年在史丹佛大學講到的一個故事中有所體會：第三個故事是關於死亡：我 17 歲的時候，讀到一句格言，大意是：如果你把每一天都當成你生命中的最後一天，你將會在某一天發現原來一切皆在掌握之中。從我讀到這句話的那時起，這句話就對我產生了深遠的影響。在過去 33 年裡的每天早上，我都對著鏡子問自己：「如果今天是我生命中的最後一天，我還願意去做我今天本來應該做的事嗎？」當一連好多天的答案都是否定的時候，我就知道做出改變的時刻到了。

提醒自己快要死去時想做什麼是我在面臨人生重大抉擇的時候，使用的最為重要的工具。因為一切事情——外界的期望、一切的尊榮、對尷尬和失敗的擔憂——在面對死亡的時候，都會煙消雲散，只留下真正重要的東西。在我所知道的各種辦法裡，提醒自己即將死去是避免掉入「恐懼失去」這個陷阱的最好辦法。人赤裸裸地來，又赤裸裸地離開，所以你沒有理由不聽從內心的呼喚。

大約一年前，我被診斷出患有癌症。在早上 7：30 醫生為我做了一個檢查，掃描結果清楚地顯示，我的胰臟出現了一個腫瘤。而當時，我甚至都不知道胰臟究竟是什麼東西。醫生告訴我，基本上可以確定這是一種絕症，我頂多還能活 3 個月到 6 個月。醫生建議我回家，把後事安排妥當，這是

## 4 像個初學者，保持好奇

醫生對所有臨終病人所使用的標準用語。這意味著你得把你今後 10 年要對子女說的話用幾個月的時間說完；這意味著你得把一切事情都安排妥當，盡可能地減少你的家人在你離開後的負擔；這意味著你向眾人告別的時候到了。

我整天都想著診斷的結果如何。那天晚上醫生為我做了一個切片檢查，他把一個內診鏡從我的食道伸進去，穿過我的胃進入到腸道，將探針伸進胰臟，從腫瘤上取出了幾個細胞。我當時打了鎮靜劑，但是我的妻子當時在場，她後來告訴我說，當醫生們從顯微鏡下觀察了癌細胞組織後，禁不住流出了眼淚，因為那是一種非常罕見的、可以透過手術治癒的胰臟癌。我接受了手術，現在已經康復了。

這是我離死亡最近的一次，但我希望在隨後的幾十年裡，不要再有這樣的經歷了。在經歷了這次與死亡的擦肩而過之後，死亡對我來說只是一項有效的判斷工具，並且只是一個純粹的理性概念，我能夠更肯定地告訴你們以下的事實：沒有人想死；即使是想去天堂的人，也希望能夠活著進去。死亡是每個人的人生終點站，沒人能夠成為例外。生命就是如此，因為死亡很可能是生命最好的造物，它是生命更迭的媒介，送走老的，讓路給新的。現在你們還是新生代，但是在不久的將來，你們也將逐漸老去，最終被送出人生的舞臺。很抱歉說得這麼富有戲劇性，但是生命就是如此。

## 常保飢渴求知，常存虛懷若愚

你的時間有限，因此不要把時間浪費在別人的生活裡。不要被框架束縛住，否則你就生活在他人思考的結果裡。不要讓他人喧囂的觀點淹沒你內心的聲音。最為重要的是，勇敢聽從你的內心和直覺，它們可能已經知道你其實想成為一個什麼樣的人。其他事情都是次要的。

在我年輕的時候，有一本非常棒的雜誌叫《全球目錄》（*Whole Earth Catalog*），它被我們那一代人奉為聖經。這本雜誌的創辦人是一個叫史都華·布蘭德（Stewart Brand）的人，他住在門洛帕克，距離這裡不遠。他把這本雜誌辦得充滿詩情畫意。那是 1960 年代末期，個人電腦、桌面排版系統還沒出現，因此出版工具只有打字機、剪刀和寶麗來相機。這本雜誌有點像印在紙上的 Google，不過那是在 Google 出現的 35 年之前。這本雜誌充滿了理想主義色彩，內容都是些非常好用的工具和了不起的見解。

史都華和他的團隊做了幾期《全球目錄》，快經營不下去的時候，他們堅持出版了最後一期。那是在 1970 年代中期，我當時就像你們這樣的年紀。在最後一期的封底，有一張清晨鄉間小路的照片，如果你喜歡冒險旅行的話，經常會碰到那種鄉間小路。在封底還有一排字：常保飢渴求知，常存虛懷若愚。這是他們停刊的告別留言。常保飢渴求知，常存虛懷若愚。現在，在你們畢業後即將開始新生活的時候，我把這句話送給你們。

## 4　像個初學者，保持好奇

　　虛心的人十有九成，自滿的人十有九空。任何一個時代，無論到了任何一個區域，也無論是任何一個人，真正做到謙虛，正確地認識自己，虛心地向別人學習，永遠是其事業成功的保障。相反，自我滿足，永遠是成功的障礙。

## 5　與蘇格拉底聊天

　　知識是改變命運、創造財富的工具,是你任何時候都不能丟棄的朋友。

## 用所有的科技換取
## 和蘇格拉底相處一個下午

「認識你自己」，這是一條鐫刻在希臘德爾斐的智慧神廟上的箴言。可能是受到這則古老格言的啟示，古希臘哲學家蘇格拉底提出了「認識你自己」、「照顧你的心靈」的思想。

在雅典城，備受尊敬的大哲學家蘇格拉底，是一個相貌毫無奇偉之處的人，他身材低矮、體態臃腫、禿頂圓臉，有一個肥大的酒糟鼻。但是，蘇格拉底從來不為自己糟糕的形象感到自卑或羨慕他人，因為他比那個時代的任何人都更具智慧，他知道自己是誰，清楚自己人生的使命和價值。

蘇格拉底常常教育自己的學生說：「認識自己，方能認識人生。」

「什麼是哲學？」常有人這樣問蘇格拉底。他回答：「哲學就是認識你自己！」

那麼，如何認識自己？這種自我認識應該從哪裡著手？對此，蘇格拉底認為，認識自己應該從區分好與壞、善與惡這些理念入手。在蘇格拉底看來，善的理念絕不是一種強加於人的東西，而是合乎人的理性、內在於人的靈魂的東西，是理性本身的必然要求。認識自己就是認識自己的理性，照

顧自己的靈魂，而這種自我認識是透過不斷的自我反省或者「回憶」來進行的。

除此之外，人還可以透過教育即透過一系列的引導和啟發，把先天存在於自身心靈中的關於「善」的理念發掘出來，就像助產士把胎兒從母腹中接生出來一樣。

換言之，蘇格拉底對人自身的探討是以理性主義原則為出發點的，它主要探求的是人的道德本質。在蘇格拉底看來，美德不是一種從外面強加於人的東西，而是合乎人的理性、人的本質的東西。

蘇格拉底關於美德的理念，蘋果教父賈伯斯深為認同。因為對賈伯斯而言，他有一個永遠無法擺脫的敵人：他自己。

在能言善辯、敏銳、愛哭的「天使」賈伯斯心理面，還有另一個「魔鬼」賈伯斯：冷酷、孤僻、暴躁、傲慢、一意孤行。可以說，賈伯斯是一個自相矛盾的人。你沒辦法只保留其中好的那個他，能做到的只是讓壞的那個不要失控。

眾所周知，賈伯斯生下來就被親生父母遺棄了，雖然養父母為賈伯斯提供了一個溫馨的家庭，但每個人都仍然相信，收養這件事本身就給賈伯斯的性格造成了莫大的影響，也造成了他莫大的痛苦。

正是由於這個原因，賈伯斯從很小的時候就開始追問：我是誰？我有什麼價值？我來這個世界幹什麼？

## 5　與蘇格拉底聊天

　　賈伯斯早年的好朋友並曾一起去印度朝聖的科特克（Daneil Kottke）說：「賈伯斯心中總是裝著他的蘋果電腦。從更深一層分析，他的成功是因為他的內心總有一種深切的不安全感，正是這種不安全感使他必須出去闖蕩以證明自己的存在價值。另外，由於他從小就知道自己是被收養的孩子，所以他的心理因素影響了他的諸多行為，他的行為並不被大多數人所理解……」

　　由於精神上的困惑，賈伯斯迷戀上了宗教和哲學，期望從中找出自己心中的疑問。當讀到有關蘇格拉底的哲學理論時，他立刻被吸引了，他潛心鑽研，希望能領悟人生的真理。不論是生活還是工作，蘇格拉底的理論都對賈伯斯產生了極大影響。尤其是蘇格拉底關於美德的理論：美德不是一種從外面強加於人的東西，而是合乎人的理性、人的本質的東西。這也解釋了為什麼賈伯斯根本就不在乎別人或外界對自己的評價，我行我素，特立獨行，即使被外界評價為不做慈善、最吝嗇的 CEO，也不能影響到他。

　　賈伯斯的 1960 年代反傳統風格悄悄地成為後來「酷」的注解，在人們的眼中，他的造型幾乎都是：一雙運動鞋，一件套頭的深色毛衣，一條磨舊的藍色牛仔褲，一臉黑白相間的鬍子茬。並且也只有賈伯斯勇於穿著這樣的裝束參加商業活動。

　　蘇格拉底也是一個特立獨行的人，無論酷暑嚴寒，他都穿著一件普通的單衣，經常不穿鞋，吃飯也不講究，這方面

## 用所有的科技換取和蘇格拉底相處一個下午

賈伯斯也有類似的作風。對蘇格拉底的哲學如此痴迷，以至於賈伯斯說出了：「我願意用我所有的科技去換取和蘇格拉底相處的一個下午。」

蘇格拉底的哲學思想讓賈伯斯受益良多，無論是對他的人生還是事業，鑽研得愈深，越讓他不滿足。他說：「我希望活得深刻，並汲取生命中所有的精華。然後從中學習，以免我在生命終結之時發現自己從來沒有活過。」

哲學早已成為賈伯斯生活中不可分割的一部分。但對於普通人來說，可能會覺得哲學只是一門理論學問，對實際生活產生不了什麼大的影響，沒有必要去花費時間和精力，更沒有必要花費金錢去學習它、理解它。這實在是一種誤解。

現代社會，每個人都陷入極大的忙亂之中不得解脫。人們常常會深陷瑣事無法自拔，會很苦悶，會時常感覺孤獨和冷漠，會莫名其妙恐懼，會偷偷哭泣，會怨天尤人，會臣服在強權或權威面前，會陷入無奈、無助、無聊的噩夢狀態，甚至會得憂鬱症。

為什麼？原因其實很簡單，就是人們往往只知外求，不知內求，不能正確地認識自己。一個人，不能觀察自己，認識自己，就無法自覺，當然更無法知道自己的能量和智慧。只有認識自己，不為那些所謂的外在的美德所束縛，才能實現自己真正的人生價值，活出更好的自己。

## 5 與蘇格拉底聊天

### 知識是拿來用的，不是用來保存的

從「知識」到「力量」，中間並不是一個簡單的等號，還需要有一個艱苦的轉化過程。知識只有用於實踐，才能轉化成能力。

柏拉圖是古希臘偉大的哲學家，小時候師從蘇格拉底，青年時期功成名就，和蘇格拉底及亞里斯多德一道成為古希臘三大哲學家。和蘇格拉底一樣，他也非常熱愛自己的國家，對哲學有一種執拗的偏愛，並建立了哲學與政治、國家相對應的理論體系。他認為哲學家不應該是躲在象牙之塔裡的書呆子，而應該學以致用，把知識付諸實踐。

知識的重要性不言而喻。培根（Francis Bacon）有一句名言：「知識就是力量。」在現實生活中，有些人只擁有先進技術，卻不能將其轉化為產品推向市場。與蘋果及微軟淵源頗深的全錄公司就是一個典型的例子。

全錄公司是以影印機技術揚名四海的，後來看到電腦技術的發展，就於 1970 年成立了全錄帕洛奧圖研究中心。據一個在此工作過的人說，當時全世界 100 名頂尖電腦研究人才中有 58 名在全錄帕洛奧圖研究中心工作。

1973 年，全錄公司開發出了 Alto，它是真正意義上的首

臺個人電腦，有鍵盤和顯示器，並採用了許多奠定今天電腦應用基礎的技術，如圖形介面技術。在當時它就已經實現了 Alto 電腦間的連網功能，此外，它還配備了一種 3 鍵滑鼠。

1975 年，全錄 Alto 產品成型，今天回頭來看，如果當時這款產品投入市場，必定能成為全錄「印鈔票」的第二臺影印機。可是全錄管理層認為 Alto 過於嬌貴，就沒予以重視，結果前後只賣了 2,000 臺。因此，全錄 Alto 被認為是史上「最偉大的失敗產品」之一。

比爾蓋茲多年後對此評價說：「把偉大的研究成果轉化到銷售看好的產品中去，對許多公司來說仍然是一個頗為棘手的問題。」

而 1977 年 4 月，相比全錄 Alto，各項技術功能指標都弱很多的蘋果 II 型電腦，在蘋果推出後迅速受到市場歡迎，賈伯斯及蘋果成了改變電腦歷史的人，並收穫了巨大的財富。成為億萬富翁的賈伯斯還接受了雷根總統（Ronald Reagan）的接見。而這一切殊榮本應屬於全錄及全錄 Alto 的研發人員的，因此，深受刺激的全錄 Alto 的研發人員事後抱怨管理層葉公好龍，將千載難逢的機遇讓給了賈伯斯這幫蘋果小子。

但全錄公司並未因此汲取教訓。它雖然擁有最先進的電腦技術，卻未能推向市場。反觀賈伯斯，當他風聞全錄帕洛奧圖研究中心裡有很多炫酷的東西，為了找到研究的方向和

## 5　與蘇格拉底聊天

靈感，就去了那裡，並滿載而歸。

當時，全錄帕洛奧圖研究中心對外還是高度保密的，頗為神祕，只有少數具特殊身分的人才有機會參觀。但很顯然，這些障礙對賈伯斯來說不是問題，他找到全錄公司相關負責人，說：「如果能讓我們考察一下全錄帕洛奧圖研究中心，你們就可以投資蘋果 100 萬美元。」

這個條件是很誘人的，因為當時蘋果的發展勢頭很猛，外界一致看好，正處於公司上市前夜。一旦蘋果上市，全錄公司就會有鉅額收益。結果也確實如此，蘋果上市後，全錄公司手中的蘋果股票市值一度達到 1.76 億美元，這一度讓全錄公司覺得自己撿了個大便宜。

拿到通行證後，賈伯斯帶著自己的技術主管、高層管理人員等一批人造訪了全錄帕洛奧圖研究中心。賈伯斯當時已是風靡美國的紅人，全錄的工程師賴瑞・特斯勒（Larry Tesler）在他面前展示自己最新的成果，演示了圖形介面和滑鼠應用。而此時的比爾蓋茲還在賣自己的 BASIC 程式。擁有屬於微軟的 DOS 作業系統還要等到兩年以後，Windows 作業系統還是一個遙遠的未來故事。

看到這些如此先進的東西，賈伯斯興奮地嚷：「你們為什麼不拿這個做點什麼呢？這些東西太棒了，這一切將是革命性的！」

## 知識是拿來用的，不是用來保存的

對於此事，工程師特斯勒後來回憶說，他起初以為賈伯斯一行人對此一竅不通，但「從他們專注的眼神和關心產品細微之處的所有提問中，我知道我錯了」。特斯勒認為賈伯斯提出的問題是他來全錄公司七年來所聽過的最有水準的問題。他們提出的問題，表明他們關心展品的細枝末節，也展現了他們在電腦研究領域的專業素養。

顯而易見，全錄公司並沒有意識到這些技術的價值，而賈伯斯則看到了。

後來曾有人認為，蘋果是「竊」走了全錄 Alto 的技術。這種說法有些武斷，因為蘋果沒有任何拿走研發圖紙的機會。不過，對於賈伯斯這樣的高手來說，看一眼就夠了。賈伯斯回去後，立刻指示研發人員開始圖形介面的研發，並首先用到麗莎電腦上。賈伯斯有個私生女叫麗莎，所以這款電腦的命名引人遐想。

隨後，全錄公司的工程師特斯勒被挖到蘋果，後來，相繼又有超過 15 位全錄公司的電腦專家加入了蘋果。不過，由於賈伯斯的策略失誤，「麗莎計畫」並不成功。但他們從中累積了大量先進的技術。

1996 年，在一次採訪中，賈伯斯侃侃而談：「全錄公司本來完全可以在今天擁有整個電腦產業，完全可以比現在的規模大 10 倍，完全可以成為 90 年代的 IBM，完全可以成為

## 5　與蘇格拉底聊天

90 年代的微軟。」

但很遺憾，雖擁有世界上當時最先進的電腦技術，全錄公司並沒實現其價值。

對此，全錄帕洛奧圖研究中心的負責人泰勒（Bob Taylor）解釋說：「我的任務是創造我力所能及的最好的技術。如果生產部門無法利用這種技術，這不是我的罪過。」可以說，全錄帕洛奧圖研究中心簡直就是「一個烏托邦一樣的技術王國」。科學研究人員只需埋頭工作就行了，一旦他們有新的設想，所有的雜事，如設定預算、與公司總部商談、爭取經費以及各種配合事項，都由泰勒幫助處理。

從結果來看，賈伯斯直接地、比爾蓋茲間接地從全錄 Alto 電腦學藝後，將附帶滑鼠，擁有圖示和視窗的圖形介面衍生為 Macintosh 和 Windows；對於全錄公司的技術開發，後來的最大受益廠商是思科；全錄公司推出了頁面描述語言 PostScript，而後來該領域最成功的廠商之一是 Adobe；全錄公司在雷射列印機技術上起步很早，而一度在商業上最成功的卻是惠普。

由此可見，如果不能將技術轉化為實際成果，就只能是為人作嫁，任由後來者占領市場。無論是對公司還是對個人來說，學以致用都是一種走向成功的能力。如果不善於把知識變成能力，就會華而不實，很難獲得真正的提高。

## 知識是拿來用的，不是用來保存的

　　如果一個人只有理論知識而不能轉化為能力，那麼這樣的人，終其一生難成大事。所以，作為青年人，要多向賈伯斯學習，不斷地提高自己學以致用的能力。

## 5　與蘇格拉底聊天

### 值得稱道的成就必須勤學苦練才行

人生中任何一次成功的獲取，都是勤學苦練的結果。努力工作、用心工作、勤奮工作，是成功的根本。不努力工作，就無法享受到成功之果的芬芳和甜蜜。從來都沒有什麼成功是唾手可得的。

縱觀古今中外，所有取得重大成就的人都是非常努力的人，他們不斷地學習、勤奮努力，不斷打拚，才最終獲得了為世人所稱道的成績。縱然是天才型的人物，也得經過勤學苦練才能取得一些成績。

人們一貫以商業奇才來稱讚賈伯斯，但用他自己的話說：活著，就是為了改變世界。我們的世界確實因為他而有所改變。而且我們也知道，賈伯斯能改變世界，是他勤學苦練的結果。縱然他取得成功後，依然勤奮有加，甚至在他患病期間也沒有停止過工作，經常在凌晨回覆很多使用者的郵件。

賈伯斯在為別人簽名的時候，常常會多寫一句話：再多做一件事，以示鼓勵，這同時也反映出賈伯斯做事的態度。

曾經賈伯斯在每年的 Macworld 大會上都要做一次主題演講，他的演講是如此充滿魔力、煽動人心，讓臺下的蘋果迷們為之瘋狂尖叫。因此，人們也稱他的演講為「魔力演講」。

賈伯斯的確口才出眾，教過他的老師可以做證，但是你可不要以為他精彩絕倫的演講是即興發揮，他也是經過後天的日積月累與勤學苦練才取得這樣的成就的。

不可否認，賈伯斯很有戲劇天賦，極具舞臺表現力，但是，他一直在追求自身演講風格的轉變和改進，加上他完美主義者的性格，他不屈不撓地致力於完善演講技藝，精益求精，甚至近乎苛刻地修改每一張投影片，可以說演講中的每一處細節他都不會放過。

賈伯斯的每一場演講都講述著一個故事，每一張投影片都是一幕展示給觀眾的場景。所有觀眾都可以從賈伯斯演講的每一個細節中，看到他的認真與努力。的確，賈伯斯很殘酷，但他又很勤奮。這種勤奮努力的結果，化作在演講臺上的完美展現，當你看到那種激動人心的演講場面時，你會毫不奇怪世界是怎樣被賈伯斯所改變的。

當然，賈伯斯不只在演講上下功夫，在其他方面他同樣勤學苦練。他經常與撰稿人、工業設計師和音樂家們待在一起，或許他不太在乎使用者需求，但他會非常勤奮地工作，生產出客戶心甘情願購買的「革命性」產品。

不單是賈伯斯，所有成功的人都是極其勤奮的。

日本「推銷之神」原一平，在他 69 歲時的一次演講會上，有人問及他推銷的祕訣，他便當場脫掉鞋襪，將提問者

請上講臺,說:「請你摸摸我的腳底板。」

提問者摸了摸,十分驚訝地說:「您腳底的繭好厚啊!」

原一平說:「因為我走的路比別人多,跑得比別人勤。」

俗話說:「世上無難事,只怕有心人。」在這裡我們所說的「有心人」,其實就是指做事情儘自己的最大努力,勤學苦練,發揮自己的全部潛力把事情做成做好的人。梅花香自苦寒來,只有付出努力,才能取得傲人的成績。只有勤奮和付出到令自己感動,才有成功的可能。

# 把蘇格拉底的原則運用到生活、學習和工作中

　　世界各地的書店裡都有大量的關於有影響力的歷史人物的書。這些人物包括蘇格拉底、達文西、哥白尼、達爾文以及愛因斯坦，他們是人們靈感的燈塔，而蘇格拉底排在第一位。

　　蘇格拉底致力於幫助人們「認識你自己」，就是要啟發人們認清自己的能力，知道自己適合做什麼，不適合做什麼，長處是什麼，短處是什麼，從而做到自知，在社會中找到自己合適的位置。除此之外，還要善於認辨識人，鑑別別人，透過認識和鑑別別人而認識自己。

　　作為蘇格拉底的支持者，在賈伯斯的生活中，我們可以看到哲學是如何影響他的。

　　Apple II 的成功讓沃茲尼克成了蘋果電腦公司的英雄，人們對他倍加推崇，稱他為「Apple II 之父」，而賈伯斯顯然被遺忘了。是啊，如果一個公司擁有了像沃茲尼克這樣的天才，那麼就等於擁有了最先進、最完美的產品，而這樣的產品必定能獨霸市場。相形之下，賈伯斯就顯得有點無足輕重了。

## 5　與蘇格拉底聊天

　　這讓年輕氣盛的賈伯斯心理有些失衡，他對曾經的親密同袍產生了嫉妒之心，每當聽到人們稱讚沃茲尼克時，賈伯斯就會感到不是滋味，他覺得自己的地位不穩，受到了某種威脅。其實，賈伯斯這種不安全感也不是沒有來由的，當時，蘋果電腦公司的運作形成了這樣的分工：CEO 史考特負責公司的日常營運，馬庫拉負責掌握公司的策略方向，沃茲尼克負責技術方面的問題，而作為創始人的賈伯斯卻沒有明確的定位，以至於員工們都認為自己是在為馬庫拉或史考特工作，賈伯斯則像個外人，格格不入，大家完全不知道他在幹什麼。就像蘋果早期的軟體開發專家布魯斯描述的：「馬庫拉從來不讓賈伯斯擁有任何權力，沒有人知道賈伯斯整天在做什麼。他只是偶爾出現在公司，他所做的唯一的事情就是向員工發表長篇激烈的、發洩不滿的演講。」

　　這種可有可無的狀況讓賈伯斯非常不滿，他的脾氣變得越來越暴躁，他不能忍受沒有權力的狀態，他要超越別人，掌控一切，得到比其他人更多的讚美和崇拜。這種對於成功和榮譽的渴望讓他坐立不安。

　　1980 年 12 月 12 日，蘋果電腦公司上市，它的股票以 22 美元開盤，一天之內，總計 460 萬份公開股被人們搶購一空，當天蘋果股價以 29 美元收盤，蘋果電腦公司的市值達到了 17.78 億美元。作為公司最大的股東，賈伯斯的身家一下

超過了兩億美元，成為當時最年輕的億萬富翁。蘋果電腦公司創造了一個奇蹟：產生了 4 名億萬富翁和 40 名以上的百萬富翁。這是以往公司上市從來沒有過的。

賈伯斯以超前的設計和大膽冒險的經營方式成就了一個傳奇的財富神話，27 歲時的他成了媒體的寵兒，各大雜誌都爭相採訪他，將他的照片放到雜誌的封面上。

金錢、掌聲和榮譽，賈伯斯都獲得了，但他也開始變得有點無所適從，他有點飄飄然。

但是，他很快就厭倦了財富帶給他的衝擊力，他不願意只用財富來彰顯自己，他像蘇格拉底那樣不斷在心中提問，難道這就是自己的人生價值所在嗎？難道只有財富和榮譽才能證明自己嗎？不，他要用自己的智慧和能力來證明自己。

在那些為雜誌所拍的封面照片中，有一張照片賈伯斯最為喜歡，是由美國攝影師戴安娜・沃克（Diana Walker）所拍攝的。拍攝時間是 1982 年，那時賈伯斯剛剛登上《時代》週刊封面，這位攝影師為他拍攝了這樣一張照片：賈伯斯盤腿獨坐在一個房間裡，旁邊放著一杯茶、一盞燈和一臺音響。賈伯斯為這張照片題了詞：「這是一個經典時刻。我獨自一個人，所需要的不過是一杯茶、一盞燈和一臺音響。你知道，這就是我的全部。」

## 5　與蘇格拉底聊天

　　人生有諸多精彩，特別對賈伯斯這樣才 27 歲就擁有巨大財富的人。但他卻並沒有讓財富占據頭腦，仍舊崇尚那種修禪般的簡單感覺。能在如此巨大的財富和榮譽中保持如此心境，想必蘇格拉底的那句名言對他產生了影響：無論身處何時，正確地認識自己並保持內心的寧靜才是最重要的。

　　西塞羅（Marcus Cicero）評價蘇格拉底說：「他把哲學從高山仰止高高在上的學科變得與人休戚相關。」因此，就像賈伯斯那樣去做吧，把蘇格拉底的原則運用到你的生活、學習、工作以及人際關係上，這不是關於蘇格拉底，這是關於你自己，以及關於你如何為你每天的生活帶來更多的真善美。

## 為什麼那些花哨的東西行不通？

蘇格拉底是追求簡單的人，無論穿衣還是吃飯，他都要求簡單，唯有如此，他才能有更多的時間去思考，去探討事物的本質，而事物的本質往往是簡單的。人們的內心越簡化，也就會越明智，就如蘇格拉底所說：「我們的需求越少，我們越近似神。」

賈伯斯就是這種簡約精神的追隨者，無論是從他的生活還是從他對產品的要求上，都是以簡約為上。這也是他深刻體察人性的一種反映，也許有些花哨的東西能吸引你的注意，但是很快你會覺得厭煩，只有那些崇尚簡約風格的東西才能百看不厭，贏得人們永久的青睞。

縱觀蘋果的每一款產品，都是極盡簡約，尤其是在操作使用上，賈伯斯要求設計師們做到一個小學生都能很容易地學會。因此，賈伯斯及其設計團隊的很大精力就花費在了如何讓產品簡約上。

正如設計師艾夫（Jony Ive）所說：「我們完全沉浸在尋找一種高度簡化的設計方案中，因為作為活生生的個體，我們都懂得『簡單』的定義。」

蘋果最初版本的 iMac 上網就史無前例地快捷。使用者

## 5　與蘇格拉底聊天

　　只需要經過兩個步驟就能夠連線到網路。「沒有第三步。」著名演員傑夫・高布倫（Jeff Goldblum）在一個流行廣告中這樣宣稱。這個創意激發了 1998 年電腦產業的想像力，成為那 10 年中最有影響力的電腦廣告，並再次讓賈伯斯譽滿天下。

　　「iMac 電腦秉承蘋果電腦一貫的簡約風格，讓你飛速上網。」賈伯斯在做 iMac 演講時說。同時，配合賈伯斯介紹的投影片螢幕也顯得極其簡單：「iMac 電腦，網路為之歡呼雀躍；蘋果電腦，時尚而簡約。」

　　再看看我們的手機，摺疊、雙螢幕、內建遊戲、和弦、自編鈴聲、三頻，多媒體訊息、錄音、擴音、MP3、拍照、攝影……隨著手機的快速更新換代，一個個新功能被不斷地開發出來。然而，這些新功能真的派上用場了嗎？很少，有些使用者甚至對此感到厭煩。越來越多的人開始追求簡約風格的電子產品，這也是蘋果受追捧的原因之一。

　　賈伯斯完全了解這一點，所以任何環節他都極盡簡約。他曾將相當大的一部分精力用在簡化使用者介面上。設計 OS X 介面的時候，由於該系統對每個人來講都是新的，賈伯斯將設計重點集中於盡量簡化介面。例如，在舊版的 Mac OS 系統中，大部分設定都被掩藏在無數的系統副檔名、控制面板選單及各種特殊對話方塊中，而且建立網路連線需要多達 6 個地方的設定。

## 為什麼那些花哨的東西行不通？

賈伯斯要求將盡可能多的設定彙集在一處,將其放在一個「系統偏好」框中,而這種「系統偏好」框則放進了「Dock」導航元素中。然後,賈伯斯又堅持盡量多地去除介面組成元素,確保視窗的內容而非視窗本身才是最重要的。因為他強烈地要求去除不必要元素和簡化視窗,最後只保留下來幾個主要的特徵,其中包括設計團隊花了好幾個星期才開發出來的「單一視窗」模式。

「單一視窗」模式也是應賈伯斯的要求而產生的。因為每次開啟一個新的資料夾或檔案,就會出現一個新視窗,螢幕很快就會被層層疊疊的視窗所覆蓋,賈伯斯討厭這種同時開啟好幾個視窗的效果。而「單一視窗」模式將所有東西在同一個視窗展現,不管使用者操作的是哪個軟體程式。

該系統運作得非常好,但是常需要調整視窗大小才能顯示不同類型的檔案。處理文字檔案時,為了便於上下滾動檔案,使用者最好將視窗調整為窄、薄狀。如果打開的是風景圖片的話,那就一定要將視窗調寬。

這點缺陷賈伯斯可以忍受,但是令賈伯斯不滿的是,該系統要求設計師在視窗工具欄中設定一個專門的開關按鈕。這同賈伯斯的簡化目的不相符,它使選單欄擁擠混亂,因此他決定去掉這一按鈕。

在新介面研發的過程中,賈伯斯有時會提出一些看起來

幾近瘋狂的想法，但是事實證明，那想法確實不錯。有一次開會時，他極其仔細地看了每個視窗左上角的三個小按鈕，這三個按鈕的功能分別為關閉、縮小和放大視窗。最初設計師將這三個按鈕都設計成了相同的淺灰色，目的是為了防止它們分散使用者的注意力，但是這樣一來，使用者就很難區分這些按鈕各自不同的功能。於是有人建議，當游標移到這些按鈕上時，應透過觸發所設計的動畫來說明它們的功能。

這個想法有點麻煩了，賈伯斯提出了一個建議：就像交通號誌燈一樣，在這些按鈕上加上顏色：紅色表示關閉視窗，黃色表示縮小視窗，綠色表示放大視窗。大家剛聽到他這個想法時，都覺得太不可思議了，設計師瑞茲拉夫（Cordell Ratzlaff）說：「聽到這個建議時，大家都覺得將交通號誌燈與電腦連繫在一起實在是太奇怪了。」但是過了沒多久，他們就發現賈伯斯是對的。不同的顏色含蓄地表明了點選這些按鈕的結果，且這些顏色所代表的意義，很容易被使用者所接受，尤其是紅色按鈕，它暗示著「危險」，這樣使用者就不容易誤點關閉按鈕了。這是一個簡單又實用的方法，而且簡化了操作。

所以，我們現在看到的蘋果產品，無論是外觀還是操作，都是那樣簡約而經典，令人愛不釋手。套用蘇格拉底的話來說，因為竭力做到簡單，所以蘋果產品在所有的同類產品中近乎「神」了。

這對我們是個啟示，那些花哨的東西可能會一時吸引我們的視線，但最終取勝的還是簡約的東西。清水出芙蓉，天然去雕飾。不管是做人還是做產品，越簡單越易成功，但是，做到簡單卻是不容易的。

## 5  與蘇格拉底聊天

### 這不是單打獨鬥的年代了

這已經不是一個單打獨鬥的年代了,一個企業單靠一個人的能力很難成功。很多時候,一個企業往往是幾年下來,領導人成長得最快,能力也最強,但其實這樣並不對,企業僅憑一人之力,是永遠做不大的,團隊才是成長型企業必須突破的瓶頸。

賈伯斯深明團隊的重要性。不過,作為一個特立獨行的人,作為一個特別的公司,蘋果的團隊也是不同的。賈伯斯對待自己的團隊獨有一套方法。

「地獄來的老闆」是員工送給賈伯斯的外號。他對團隊的要求很高,也無法忍受不夠聰明的員工。相信很多人都一定會納悶,既然如此,為什麼還有那麼多菁英願意和他共事呢?賈伯斯的回答是:「因為你在其他任何地方都做不了你在蘋果可以做的事情。」

當然,蘋果報酬優厚,一名剛進入蘋果的設計師年薪比產業平均水準要高出 50%。賈伯斯一向不吝於誇耀他的設計團隊,說其是世界上最棒的設計團隊,他一直強調他們所做的工作不是為了賺錢,而是為了改變世界,是世界上最有意義的工作,並為此描繪出激動人心的發展前景。試想,在這

## 這不是單打獨鬥的年代了

些口號如「偉大的瘋狂!」、「讓我們成為海盜吧!」、「這將是了不起的成就!」的激勵下,哪個設計團隊能夠不更加忘我地工作呢?

激發團隊的熱情,是蘋果電腦成功的源頭。就拿研發出第一代蘋果電腦的團隊來說吧,團隊成員曾經像奴隸一般工作長達3年,但是,他們依舊熱愛那種每週工作90小時的生活。因為賈伯斯讓他們相信:他們所設計的電腦將會改變整個產業、整個時代,他們是融合科技與文化的藝術家,他們無可取代!他們將改變世界!

不過,賈伯斯重視合作也不是一開始就有的,他也是經歷了一番現實的洗禮才意識到團隊及合作的重要性。

1985年,賈伯斯被戲劇性地趕出了蘋果,從而使得他看待世界的視角發生了根本性的改變。賈伯斯發現了自己先前的矛盾:在一個網路的世界裡,蘋果卻硬要扮演獨行俠來替天行道。

他終於意識到:蘋果生活在一個生態系統中,它需要其他夥伴幫助,它也需要去幫助別人。這時,賈伯斯從一個純粹的理想主義者,變成了一個在策略上的現實主義者。

從iPod的開發過程,我們就可以發現賈伯斯的轉變。賈伯斯放棄了以往那種封閉式的工作方式,他決定與外界合作,調動起外面更龐大、更豐富的資源為蘋果所用。這樣可

## 5　與蘇格拉底聊天

以在最短的時間內實現自己的目的，同時又降低了風險。賈伯斯憑藉其出色的說服能力，說服了眾多企業組成了一個聯盟，其中包括飛利浦、IDEO、General Magic 和 Connecttix-and 網路電視等公司。

整個設計流程由蘋果控制和主導。事實證明，這是個相當成功的策略，僅用了 6 個月的時間，iPod 就應運而生了。

這次成功也讓賈伯斯意識到了企業合作的好處，於是，蘋果就採用這種做法來開發產品。這種廣泛的企業合作，打破了處於不同產業和產業鏈不同位置的企業之間的界限，使得企業之間實現了優勢互補，做到了揚長避短，同時也使得創新的邊界不斷擴展，讓許多充滿想像力的產品得以成為現實。

最終，結成戰線讓企業之間形成了一條長長的價值鏈，每個企業都將自己最好的資源貢獻在這個產品上，從而使得這個產品彙集了百家所長，極具市場競爭力，同時，參與的每個企業也成了這個產品的零組件供應商，也分到了一杯羹，形成了多贏的局面。

從 2006 年起，賈伯斯又讓蘋果電腦使用英特爾公司的晶片，並開發出在蘋果電腦上應用 Windows 軟體。而 1985 年之前，賈伯斯一度宣稱微軟和英特爾的產品是「邪惡的」。

這已經不是一個單打獨鬥的年代了,眾多卓越的企業家都意識到了這一點,只有團隊合作才是致勝的法寶。沒有合作的企業很難在競爭如此激烈的市場中生存下來。

## 5　與蘇格拉底聊天

# 6 創新是領袖和信徒的區別

> 歷史總是由那些有勇氣選擇別人未選之路的人所書寫,世界也總是被一些做事方式與他人不同的人所改變。不斷地摸索,做一些前人沒有做過的事情,才有機會成就大事業。

## 6　創新是領袖和信徒的區別

> 不走尋常路：
> 將與眾不同當作一種本能

很多人都有找工作的經歷，那份疲憊與無奈彷彿記憶猶新。據一份求職調查顯示，很多人在求職時都缺乏自信，一位人力資源部經理說：「在進大學徵才的時候，經常發現求職者抬不起頭，發不出響亮的聲音。當突然有一個很自信的人出現在面前的時候，我就覺得眼前一亮，哪怕他的學習成績很差，我也希望能把他招至麾下。求職時，能力是一方面，但更多的是靠表現出來的態度。即使你沒有面試的機會，也一定要有個自信的轉身。而當你一聲嘆息地離開時，可能已關上了機會的大門。只要那麼一點與眾不同，機會就是你的了。」

從賈伯斯找工作的經歷中，我們可以得到一些啟示。

賈伯斯在里德學院待了18個月後，回到了養父母身邊。他一心想去印度探求有關人生、生命的真諦，但是他連旅費都沒有。他意識到自己必須找份工作，在積蓄旅費的同時也養活自己。

有一次，他在翻閱報紙時，看到了當地一家知名企業雅達利公司的應徵廣告。雅達利公司是一家電子遊戲開發公

司，正需要一名電子工程師，當時在報紙上發出的徵才消息要求應徵人員必須是受過正規大學教育，並擁有自己開發的電子遊戲作品。

顯而易見，賈伯斯不符合其中任何一條。但是，賈伯斯卻認為這份工作非常符合自己的興趣，至於徵才要求他都沒看在眼裡，他兩手空空、穿著隨便地就去應徵了。面試賈伯斯的人事主管認為賈伯斯不符合他們的要求，因為賈伯斯既沒有表現出在電子遊戲方面的獨特眼光，又沒有技術和豐富的經驗，所以人事主管沒有理由錄用他。但是賈伯斯可不這樣想，他對人事主管說：「你們只有兩種選擇，要麼錄用我，要麼報警。」像這樣「非同尋常」的要求，這位人事主管還是頭一次遇到。

人事主管無法應付這個「不合常規」的賈伯斯，只能把賈伯斯帶到雅達利公司的首席工程師奧爾康那裡。賈伯斯讓奧爾康吃了一驚，因為當時 19 歲的賈伯斯完全是一副嬉皮士的打扮，衣衫不整，還光著腳丫子，關鍵是對遊戲開發毫無經驗可言，奧爾康也覺得賈伯斯實在沒有被錄用的資格，但是，賈伯斯還是被錄用了。這個決定實在讓人感到意外，以至於奧爾康後來說：「我真不知道為什麼會僱用他，他除了想做這份工作和有一點活力之外，沒有其他優勢。不過，正是他那種內心的活力吸引了我，只要有活力他就能把工作做好。」

## 6　創新是領袖和信徒的區別

賈伯斯成了雅達利公司的一名技術人員，但賈伯斯是令人抓狂的同事，他不尊重其他同事，態度十分傲慢，沒人能和他相處。而且，賈伯斯身上有一股異味，因為他長時間不洗澡，對此他解釋說，自己愛吃水果，而常吃水果的人是不用經常洗澡的。於是，奧爾康不得不找賈伯斯談談，商定以後賈伯斯白天不用上班，只要晚上過來就可以了，這樣就不會與其他同事起衝突了。

當時雅達利公司準備開發一款名為「打磚塊」的電子遊戲，並開出了一筆豐厚的獎金，賈伯斯覺得有錢可賺，就攬下了這個重任。但是其他人可並不看好，因為賈伯斯不具備這方面的技術。

其他人的看法沒有錯，賈伯斯確實不具備開發這個遊戲的能力，但是，賈伯斯找到了能開發出這個遊戲的人──他的朋友沃茲尼克，並許諾說事情成功後獎金一人一半。賈伯斯一向自大，能讓他心服口服的人寥寥無幾，不過，在電子遊戲開發領域，賈伯斯完全沒有沃茲尼克優秀：「作為工程師我遠不如沃茲尼克優秀。在設計方面，沃茲總是比我優秀。」

賈伯斯口才非凡，很快就說動沃茲尼克來做這個工作。再說沃茲尼克是一個熱心幫助朋友的人，且他也非常相信自己的能力，他完全有能力開發出這個產品。另外，對沃茲尼

克來說,還有一個好處就是,賈伯斯讓他晚上在雅達利盡情玩電子遊戲。

當時沃茲尼克已是惠普公司的工程師,所以他只能利用晚上的時間來編寫遊戲程式。雖然時間很緊,但作為一名天才型的電子工程師,沃茲尼克只用了48小時就完成了這款遊戲。沃茲尼克一向自信於自己的能力,當後來被問及這件事時,他說:「這事對我來說很容易,在開發過程中,賈伯斯的工作就是為我買可樂和點心。」隨後,賈伯斯告訴沃茲尼克說公司開出的獎金是700美元,並分給沃茲尼克350美元。賈伯斯用獲得的獎金購買了一個農場,然後他向公司請假,要去他朝思暮想的印度朝聖。

可以說,這份工作不僅對賈伯斯的意義重大,對那些踏入職場的人來說,也非常有啟發意義。如今是一個追求創意的年代,推陳出新才能抓住別人的注意力,與其千篇一律地重複別人,不如發揮創意,學會推銷自己,贏得對方的注意。

## 6　創新是領袖和信徒的區別

### 衝破單打獨鬥的牆，尋找身邊的貴人

我們一生中會遇到許多「貴人」，在相當程度上，能不能抓住「貴人」，就相當於能不能抓住成功，公司也是如此。一個公司最初發展時，常會遇到資金問題。蘋果也不例外。蘋果成立之初，也遇到了資金緊缺的問題，單是 Apple II 的製作成本它都承擔不起，更別說在收費不菲的《花花公子》雜誌上投放廣告了。因為 Apple II 的製作成本比 Apple I 要多很多，差不多每臺需要幾百美元。而蘋果連買零件的錢都拿不出來，生產不出產品，那就談不上銷售了，當然也賺不到錢。

為了解決資金問題，賈伯斯甚至還產生過把公司賣掉的想法。當時，電腦製造商 Commodore 公司有意進入新興的電腦市場，計劃收購有發展潛力的電腦公司。賈伯斯得知這個消息後，便邀請了幾位 Commodore 公司代表來到在車庫裡的公司參觀。最初幾位代表對 Apple II 電路板表示出了濃厚的興趣，同時對螢幕上顯示的高解析度彩色螺旋線也很讚嘆，這要得益於沃茲尼克的技術能力。

看到 Commodore 公司有收購意向後，賈伯斯便開出條件：Commodore 公司出資 10 萬美元現金收購蘋果，並提供

一定數額的股票,同時支付他和沃茲尼克每年 36,000 美元的年薪。對於賈伯斯的條件,連沃茲尼克都覺得有點過分:「我認為這要求有點過分。我們才投入一年的人工,這樣的要價有些太高。」當然,Commodore 公司也覺得賈伯斯是獅子大開口,雖然蘋果的技術比較先進,但不值這個價錢,尤其是賈伯斯要求 36,000 美元的年薪,簡直荒謬。

但賈伯斯堅決不肯降低自己的條件,雙方無法達成一致意見,賈伯斯甚至說:他們不誠實。所以,這筆交易最終沒能做成。

透過這件事,賈伯斯徹底打消了出售公司的想法,重新開始尋找資金支持。這時,曾為蘋果設計商標的麥肯納(Regis McKenna)建議賈伯斯去拜訪一下他的老闆瓦倫丁(Don Valentine)。瓦倫丁是個風險投資人,他曾投資過賈伯斯工作過的雅達利公司。賈伯斯認為這條路可行,他從麥肯納那裡知道了瓦倫丁的聯繫方式後,馬上就和瓦倫丁取得了聯繫,兩人起初談得不錯。瓦倫丁便驅車來到蘋果實地考察,但當他看完沃茲尼克研發的最新一代蘋果電腦,並聽完賈伯斯設定的宏偉銷售計畫時,瓦倫丁當頭潑了他們一盆冷水,他說:「你們根本就不懂得市場行銷,對未來市場的規模也沒有一個明確的概念,你們這樣不會開拓更廣闊的市場。」這表明瓦倫丁無意於投資蘋果,不過,他臨走時隨口對賈伯斯說

## 6 創新是領袖和信徒的區別

可以幫他們找到一個風險投資人。

瓦倫丁其實只是隨口說說，但賈伯斯可沒打算放過他，賈伯斯每天都要打給瓦倫丁三四通電話，不斷地詢問他是否已經為蘋果找好了風險投資人。瓦倫丁為此頭痛不已，不過，他最終為賈伯斯引薦了一個叫馬庫拉的風險投資家。

馬庫拉是矽谷知名的百萬富翁和風險投資家，當時年僅34歲。他曾在南加州大學取得電氣工程碩士學位，在美國休斯公司擔任過技術員。他非常有遠見，在英特爾還是一家小公司的時候，他投資了英特爾。英特爾後來成功上市，馬庫拉便一夜暴富。此時，馬庫拉已從英特爾退出，開始享受生活。

賈伯斯立刻馬不停蹄地找到了馬庫拉，以極大的熱忱向他介紹了還設在車庫裡的蘋果電腦公司。賈伯斯的野心和沃茲尼克的天賦打動了馬庫拉。同時，作為一個對未來市場保持高度敏感的投資家，馬庫拉十分看好未來個人電腦市場。在看過蘋果生產的 Apple II 的演示後，馬庫拉覺得機會又來了。

不過，作為一個成熟的投資人，馬庫拉知道，雖然蘋果不缺乏雄心和技術，但眼前的這兩個年輕人並不知道什麼是真正的公司，更不知道如何發展更大的事業。當然，最重要的是，他們缺錢。

但是，賈伯斯和沃茲尼克所缺少的，馬庫拉都具備。馬

庫拉不但專門為兩人上了為期 15 天的管理課，而且籌到了大量資金。根據他們的商業計畫書，由馬庫拉承擔融資工作，他自己投入 9.2 萬美元，又籌集到 69 萬美元，並以自己做擔保從美洲銀行貸到 25 萬美元，100 多萬美元的資本，足以支持蘋果飛天了！

1977 年 1 月 3 日，蘋果電腦公司正式成立。馬庫拉把賈伯斯和沃茲尼克的資產估價為全公司股份的 2/3，而他以自己投資的 9.2 萬美元獲得了蘋果 1/3 的股份。此外，對職位也做了分配，由賈伯斯擔任董事長，馬庫拉則出任副董事長，沃茲尼克則擔任研發副執行長，由馬庫拉推薦的史考特出任蘋果首任 CEO。

若不是馬庫拉的加入，很難想像蘋果會有今天的輝煌。馬庫拉就是蘋果的大貴人，但若不是賈伯斯的渴求和堅持，對瓦倫丁的三顧茅廬，也許馬庫拉也無緣與蘋果相見，一切的一切都難說了。

這個時代，單憑一己之力很難做出成績，獲得其他人的幫助能迅速幫助我們打開勝利之門。因此，不管是創業還是身在職場，抓住貴人能為我們帶來突破性的發展，贏得人生的轉機。人生最大的幸運就是有機會來學習、歷練，但需要有人告訴你什麼是對的，什麼是錯的，需要有人為你指點迷津，這遠比靠自己去跌倒、領悟要來得效率高。

## 6　創新是領袖和信徒的區別

### 創造他人需要但表達不出來的需求

如果有人問：「你想要什麼？」那麼，在你腦海中浮現的基本上都是你知道的東西，如鈔票、汽車、房子等。如果有人說想製造出一個新產品，向你詢問時，你的第一反應可能是排斥的，也可能沒有感覺，因為對於一個沒有成形的新事物，實難判定需要還是不需要。

很多人都認為，開發一個產品，一定要提前了解這個產品的市場，去做消費者調查，只有消費者接受的東西，才能去做，否則就是死路一條。但賈伯斯根本就不屑於來這一套，完全是反其道而行之。尤其是在消費選擇上，他更喜歡強勢地告訴市場什麼是你要的。

賈伯斯一直堅稱自己理解使用者的需求，並為滿足人們的這些需求而努力工作。在他周圍的人也會堅信這一點。「他（賈伯斯）懂得人的欲望。」與賈伯斯一起工作過的個人電腦前輩艾倫·凱（Alan Kay）這樣說過。強尼·艾夫更是說得明確：「我們不會去預測消費者的反應。我們專注於我們認為正確的事情，並呈現給消費者。」

不過，即使在蘋果內部，也有人對賈伯斯的這種做法感到擔心，如果消費者不接受怎麼辦？那就試用吧。

試用成了印證蘋果再一次牽動消費者行為的有力證明。弗萊有幸成為試用 iPad 的幸運者之一，他事後這樣描述：「我按下開關，螢幕亮了起來。10 分鐘之後，我開始難以控制地在地上打滾，又喊又咬，試圖把它從一名蘋果發言人那裡奪回來。」這樣的描述似乎有些誇張，但這充分證明了賈伯斯的理念，去創造一些他人需要但表達不出來的需求。

　　也許與賈伯斯有一段恩怨糾葛的蘋果前 CEO 史考利的話，更能證明這一點，他說：「賈伯斯曾這樣說過：『如果一個使用者根本就不了解什麼是基於圖形的電腦產品，我又如何去詢問他圖形電腦應該如何設計呢？因為沒有人見到過這種產品。』他認為，如果向人展示一臺計算機，別人並不會因此而了解電腦今後的發展方向，因為計算機和電腦之間的差距太大了。」

　　是啊，電視在沒有被研發之前，誰也沒見過，可是它出現時，大家都愛上它了，電話也是如此，電腦也是這樣走進了我們的生活。想想看，電腦、手機我們都有了，但是 iPhone 又來了，我們發現自己也很喜歡。在此之前，我們從沒想到還能有如此一款產品，如果賈伯斯在做之前做了一個消費者調查，大家十有八九都會表示出無所謂的態度。連那些業內人士都沒有想到 iPhone 能如此火爆。

　　對於 iPhone 的來龍去脈，《財星》雜誌曾專訪過賈伯斯，

## 6　創新是領袖和信徒的區別

我們從中可以知道賈伯斯是如何創造出人們並不知道的但卻會喜歡的產品。

對於為什麼會想到 iPhone 這款產品的問題，賈伯斯這樣答道：「大家都用過手機，體驗總是極其恐怖。軟體糟糕得一塌糊塗，硬體也很差勁。我們和朋友談論過，他們也都非常痛恨自己的手機。每個人都非常痛恨自己的手機。因此我們覺得，完全可以讓這些東西變得更加強大，並且擺出來也會很有趣。這是一個巨大的市場——我的意思是說，每年大約有 10 億部手機被賣掉，這在數量上可比隨身聽龐大得多，相當於每年個人電腦銷售量的 4 倍。我們決定做出一款可以讓我們自己都一見鍾情的手機，這是一個巨大的挑戰。不過，我們手中有技術，有源於 iPod 的微型製造工藝，還有來自 Mac 電腦的精密作業系統。以前從未有人想過往手機裡放進一個如 OS X 一樣精密的作業系統，看來這確實是個問題。在蘋果內部，針對能否實現這一目標，我們曾有過大規模的爭論。我不得不當機立斷，做出最後決定：『我們能夠做到。讓我們試試看吧。』那些最優秀的軟體工程師說，他們能夠做到，而我們必須給他們這個機會。他們成功了。」

在談到關於蘋果和消費者之間的連繫時，賈伯斯說：「之所以去做 iTunes，是因為我們都愛音樂。我們在 iTunes 上做出了自認為最好的音樂播放器。我們又都希望隨身攜帶全部

的、所有的音樂資料庫。我們的研發團隊展開了非常艱辛的工作。他們之所以這麼努力工作，就是因為我們自己都想要這樣一個產品。我想說的是，我們自己就是最早期的那幾百個使用者。」

這和流行文化無關，和欺騙無關，和說服人們接受一件他們根本不需要的東西也無關。我們只是在弄清楚我們自己到底需要什麼。我們已經建立了一套良好的思維體系，以確保其他很多人都會需要這個東西。我們收了錢就是來做這件事的。

因此，你沒有辦法走上大街去問別人，你說：「下一件最紅的事情會是什麼？」亨利‧福特（Henry Ford）曾有過一句經典語錄，他說：「如果我當年去問顧客他們想要什麼，他們一定會告訴我說『一匹更快的馬』。」

對於蘋果這樣的大公司，還有很多事情是出人意料的，賈伯斯說：「我們從不做市場調查，不聘顧問。這 10 年來，我唯一聘過的顧問是一家公司，我讓他們分析 Gateway 的零售策略，好讓我們不犯下與他們同樣的錯。從本質上說我們從來不聘顧問，從來不聘。我們只是想做出偉大的產品。」

根據賈伯斯的理念，有時，我們不必完全聽從那些所謂市場需求的論調，也不必大費周章花費巨大的財力、人力去做市場調查，或請所謂的顧問，有些東西在它真正面世之

前,你不知道它會怎樣。有些需求人們是無法表達清楚的,或者說人們自己不知道自己有這種需求。而我們要做的,就是去創造一些他人需要但表達不出的需求,那就是成功。

## 做前人沒有做過的事情

擺在你面前的路有很多條，有的是已被探索過的康莊大道，有的是很多人都沒有走過的羊腸小徑。但是走那些被別人走過的路雖平坦，卻很難大有作為。要想有所成就，就要選擇別人沒走過的路，哪怕這條路既陌生又危險。

一位動物學家在非洲坦尚尼亞研究野羚時，發現了一個令人感嘆的現象：每逢乾旱季節，野羚為了尋找新的草地，要長途跋涉約 1,600 公里。在跋涉過程中，一定會有大批野羚因路途艱辛而死去。對於牠們死去的原因，這位動物學家透過長期觀察終於發現：帶頭的野羚有個習性，就是從不改變行進路線，哪怕旁邊有更平坦、更安全的路，牠也不會改變方向。於是，野羚就注定要在乾旱季節集體遷徙時大批地死去。

人亦是如此。一個人的習慣、生活方式、人生觀等很難發生變化，嘗試新的事物，或者是選擇一條從沒走過的路，是很多人害怕面對的事情。對大多數人來說，是不敢走別人沒走過的路的。

而賈伯斯恰恰相反，他從不願重複別人做過的事，他要的是改變世界。所以，他熱愛做一些前人沒有做過的事情，

無論遇到怎樣的艱難險阻。因此，在大多數人眼裡，賈伯斯是個另類，是個冒險者。

美國一位著名記者評論道：「賈伯斯在美國商業界的崛起，從來都是一個關於例外的故事。他是企業家，卻如同藝術家一般乖張、粗暴；他的生意，即便是最成功的生意，從某種程度上來說，也與正常的生意迥然不同。」

賈伯斯一手建立了蘋果電腦公司，引領了電腦時尚的潮流，影響了人們的生活；他成立了皮克斯，撥動了動畫電影產業的風向球，影響了電影史；他創造了 iPod，又透過它影響了不止一代人的生活方式。毫無疑問，賈伯斯創造了一段傳奇。

賈伯斯為什麼能改變世界？因為他喜歡做前人沒有做過的事情。

2001 年 5 月 19 日，賈伯斯帶領著擇優挑選的隨行記者，來到了位於美國維吉尼亞州一家購物中心的二樓——第一家 Apple Store，正式對外介紹蘋果專賣店。

隨後，在 Macworld Expo 2001 大會上，賈伯斯向前來參加大會的熱衷者們解釋了為什麼要開設這個實體店：「不誇張地說，建造這個實體店有一半的原因是為了提供一個解決方案。因為人們不願意去買個人電腦了，大家不知道電腦具體可以做些什麼。」

但評論家紛紛預言蘋果電腦公司犯了大錯，這個店裡竟然只賣蘋果的東西，簡直前所未聞，這家實體店在一年內鐵定倒閉。他們預測 Apple Store 將無法獲得足夠的收入來滿足支出，將無力營運下去。批判者還把矛頭指向純木質的店內布置，認為賈伯斯把大量資金耗費在這個還沒有被證實過的專賣店概念上，這可能會帶給蘋果電腦公司巨大的危機。除了學者和批判者，許多人也都認為賈伯斯在用公司的財產進行一場孤注一擲的「賭博」。

曾任蘋果零售部門高級副執行長的羅恩‧強生（Ron Johnson）對此回憶說：「世界真的大不相同了，但 2001 年 5 月我們還是開設了第一家蘋果專賣店。當時的零售業被戴爾主導，到處充斥著降價銷售和薄利多銷，我們是屬於虧本的那類公司，其他的零售商也面臨倒閉。我們說『即使只有 3% 的市場，我們也要堅持』。當時最常聽到人們對我們說的三個字就是『瘋了嗎？』」

BusinessWeek 雜誌還滿懷信心地發表了一篇關於為什麼 Apple Store 不會奏效的文章；TheStreet.com 網站也認為，蘋果是在絕望地背水一戰，結果將慘不忍睹。

但是，10 年過去了，蘋果第一家專賣店不僅屹立不倒，而且還發展到了 300 多家店的規模，店內平均每平方英尺的盈利高達 5,000 美元，成為美國零售市場獲利最高的商店。

美國著名珠寶商 TIFFANY&Co. 每平方英尺賺 2,800 美元，而 BESTBUY 電器商場每平方英尺才賺 800 美元到 1,000 美元。

大大的蘋果 Logo 已經逐漸走入了世界各地，至 2011 年蘋果公司開在全球的 300 多家專賣店，接待訪客已超過 10 億人次，美國、英國、日本、澳洲、中國、加拿大等國，都有蘋果 Logo。

蘋果專賣店獲得了巨大成功，賈伯斯關於蘋果專賣店的理念、原理、策略和技巧引起了人們的熱議。2007 年，賈伯斯在接受《財星》雜誌採訪時曾這樣回顧：在 21 世紀初，人們已經習慣了去電子零售連鎖店購買電子產品，但蘋果的產品已經無法在眾多的貨架物品中脫穎而出，而且銷售人員並不清楚如何正確地推銷我們的產品。這一點令我很擔憂，我們不得不去做些什麼，否則我們就會成為業界的犧牲品。我們只有獨闢蹊徑，做些別人沒有做過的事情，Apple Store 便是我們的革新。

賈伯斯曾說：「蘋果希望其產品具有『最佳的購買體驗』，因為大多數零售商沒有投入太多資金在他們的商店，或者做出零售方面的其他的改善。」羅恩·強生後來回憶道，「我與賈伯斯在屋裡，他跟我談了公司的產品線。當時我們只有 4 款產品，兩款行動裝置和兩款桌上型電腦。iPod 當時還沒有

推出。想想看,用僅有的 4 款產品就開設專賣店,這可絕對是個挑戰,但這最終竟成為我們的機遇。當時我們這樣想,既然我們還有足夠的產品來擺滿整個專賣店,不如用『使用者體驗』來充斥整家店。於是,我們轉變思路,很快從『購買體驗』轉移到『使用者體驗』,這才有了天才吧(Genius Bar)、影音室、面對面指導和友好的店員。我們與其他零售商不同,我們擁有大多數零售商所沒有的自由,大部分的專賣店都被產品塞滿了,已經沒有創新的空間。我們恰恰相反。」

蘋果專賣店都開在人流比較密集的繁華地段,對此賈伯斯自有理由:「這很簡單。Mac 的忠實粉絲會開車到專賣店,對吧?但 Windows 的使用者不會。他們不會特意開車到蘋果專賣店,他們認為自己不需要 Mac。他們不會很樂意開 20 分鐘車跑到蘋果專賣店。但如果我們把專賣店址選在購物中心,或街邊順路的地方,這樣顧客就避免了 20 分鐘的車程,於是他們就更樂意到蘋果店裡逛逛,這反正對他們來說也沒什麼損失。就這樣,我們決定將專賣店設在人流量大的地方,還真行,效果很棒。」

蘋果專賣店還有一個吸引人的特點是:在這裡,顧客能感受到他們真正屬於這個地方。「我們要打破常規,創造一個屬於大家的商店,無論是 Mac 使用者,還是 PC 使用者;

無論是商人還是消費者。在這裡，孩子們第一次嘗試使用電腦，80歲的老人試著用電腦與孫子聊天。我們不去理會那些零售的傳統原理，那些所謂的『專門化』原理。」

在實踐中，蘋果電腦公司發現有愈來愈多的人使用「天才吧」與「專業服務支持」，所以賈伯斯隨即推出了客戶優先計畫：如果客戶願意每年支付100美元，那他就不用排隊、不用預約，可以隨時進到蘋果店裡享受服務，單2007年就有100萬人接受了這種特別服務。也就是說，蘋果電腦公司只是靠著消費者想要跟科技專家聊天的心理，就賺了1億美元。

所有消費者都認為非常值得，因為在蘋果店裡，那些身穿黑色T恤的專家似乎擁有取之不盡，用之不竭的科技資訊，你只管問。而且，任何一種簡單的科技運用都可以讓產品留下深刻的印象。比如說，消費者購物結算時，店員不會當場開具發票，如果消費者提出質疑，店員則會告訴消費者：「我們已經從您的iTunes中查出您的電子信箱，同時我們會把貨物發票寄到您的信箱裡。」這讓消費者大為驚喜，覺得這簡直像是某種魔術一樣，或者覺得這家公司非常聰明，總之，消費者在這裡得到的是完全不同的體驗。

Apple Store就如同賺錢的機器，僅2011年第一季度，所有Apple Store就接待了7,100萬來訪者。其銷售收入占據了蘋果公司銷售總收入31.9億美元的32%，超過五分之一的

Mac 電腦是從 Apple Store 中賣出的。

此時，那些關於賈伯斯必敗的言論早已銷聲匿跡。在個人電腦產業和消費電子產品產業急速萎縮的時候，賈伯斯仍然堅持開設蘋果的第一家專賣店，走了一條別人都認為會失敗而且從來沒有人走過的路，結果收穫了前所未有的成功。

當然，做前人沒做過的事情，自然要遇到更大的險阻，一切都是那麼不確定，要冒險，要有勇氣，剛做蘋果專賣店時賈伯斯也很擔憂，但是他堅持做了下去，想前人所未想，最終又做成了一件改變人們生活的傳奇產品。

如果一個人想要做出些成績，就要做一些前人沒有做過的事情，這非常具有挑戰性，畢竟很少有人能夠像賈伯斯那樣不可一世地宣布：「我們將開發全世界最瘋狂、最優秀的電腦。」歷史總是由那些有勇氣選擇別人未選之路的人所書寫，世界也總是被一些做事方式與他人不同的人所改變。總之，不斷地摸索，做一些前人沒有做過的事情，才有機會成就大事業。

## 6　創新是領袖和信徒的區別

### 沒有什麼不可能

在工作和生活中，當遇到問題和困難需要解決時，通常會有兩種表現不同的人：第一種人，當他們發現問題難度較大時，馬上就被困難所嚇倒，然後對自己說絕不可能會取得成功，因此也就不願再去努力，最終選擇了放棄。

第二種人則相反，在面對困難時，他們是強者。他們首先具有一種能戰勝困難的正面心態和發問方式，他們會說：沒有什麼不可能！

賈伯斯絕對屬於後者，他從來不相信絕對，認為「沒有什麼不可能」。

蘋果剛成立時，賈伯斯考慮到了公司商標這個問題。最初蘋果採用的是韋恩（Ronald Wayne）設計的商標，是牛頓坐在蘋果樹下讀書的一個圖案，外框則配上了英國詩人威廉‧華茲華斯（William Wordsworth）的短詩「牛頓……一個靈魂，永遠航行在陌生的、思想的海洋中……孤獨地……」相當浪漫，暗示了蘋果將會遠離機器，充滿人文情懷。不過，這個商標只用了很短的時間。

隨著 Apple 的銷售，賈伯斯越來越覺得韋恩設計的商標過於理性和複雜，不利於品牌推廣，1977 年，賈伯斯決定

換個商標，於是他開始四處尋找可以為蘋果電腦設計商標的大師。經過一段時間的研究後，賈伯斯發現英特爾電腦的廣告設計十分高明，其在宣傳產品時從來都不是直接針對產品本身做宣傳，而是透過電腦的替代形象，比如撲克牌、漢堡等，很容易讓人記住英特爾的品牌。透過這種獨特的宣傳方式，英特爾吸引了一大批熱衷英特爾電腦的消費者。

賈伯斯很快了解到為英特爾設計廣告的是麥肯納公司，於是立刻打了電話過去。他在電話中直接說希望麥肯納可以為蘋果設計一個特別的商標和適合蘋果電腦的廣告。麥肯納公司的老闆聽完賈伯斯的介紹後，就把這項工作交給了負責新客戶業務的伯奇。

當伯奇驅車來到賈伯斯口中的蘋果電腦公司時，發現蘋果電腦公司只不過是一個設在車庫裡的且只有幾名職員的工作室。當他勉強走進這個車庫公司時，只見裡面一片狼藉，還散發著一股刺鼻的味道，當他決定轉身離開時，賈伯斯正好迎了上去。賈伯斯立刻滔滔不絕地向伯奇講起了蘋果電腦公司的目標和發展策略，並大讚他們的產品是如何優秀。雖然伯奇對賈伯斯的口才和宏圖大略深感佩服，但他沒有答應做蘋果的業務。因為，蘋果電腦公司這樣的工作室，實在是支付不起麥肯納公司的設計費用，要知道，麥肯納公司可是當時有名的設計公司，收費不菲。

## 6　創新是領袖和信徒的區別

　　除了賈伯斯，蘋果電腦公司的其他人都覺得麥肯納公司是不會答應合作的。賈伯斯隨後打電話給麥肯納公司，但遭到了直截了當的拒絕。不過在賈伯斯的人生字典裡，沒有不可能這個詞，在接下來的日子裡，他每天都要打五六個電話給麥肯納公司的老闆麥肯納，以至於麥肯納的祕書都有點受不了了。不堪其擾的麥肯納對賈伯斯的這種「執著」非常惱火，即使他對賈伯斯發火，可賈伯斯還是照樣會打電話來。

　　最後，在賈伯斯的極力爭取下，麥肯納被說服了，他安排公司的藝術總監羅伯‧傑諾夫（Rob Janoff）負責蘋果電腦公司的商標設計工作。傑諾夫決定用蘋果作為原型進行商標的創作，這也正切合了蘋果電腦公司的名稱。他設計了一個簡化了的蘋果形象，在蘋果的右邊被咬上了一小口，「被咬掉一口，是為了防止蘋果看上去像番茄」。賈伯斯對這個造型非常滿意，但他堅持要在蘋果上再加點東西，於是傑諾夫在上面又加上了 6 條水平彩色條紋，以突顯蘋果電腦優秀的彩色處理能力。

　　據說，設計這個商標花了蘋果電腦公司一大筆錢，雖然人們無法得知具體數目，但蘋果前 CEO 史考特將其形容為「有史以來最昂貴的商標」。不過，它顯然也是有史以來最成功的設計，因為很多見到蘋果商標的人都會禁不住問：為什麼蘋果被咬了一口？這或許恰恰正是當初設計蘋果商標的人

所希望達到的效果。而熟悉蘋果背景的人將它解釋為代表了活力和朝氣,可以引起好奇和疑問。

2003 年,蘋果進行了商標更換,將原有的彩色蘋果換成了一個半透明的、泛著金屬光澤的銀灰色 Logo。新的商標顯得更為立體、時尚和酷,更符合蘋果旗下的兩個具有重要影響力的產品 iTunes 和 iPod 年輕一代消費者的審美和追求創新的感覺。

當初很不情願為蘋果電腦公司設計商標的麥肯納公司無論如何也不會想到,自己被「強迫」設計的這個蘋果商標會名揚天下,成為財富、時尚和完美的代表,成為科技與藝術完美融合的象徵。

如果當初不是賈伯斯的執著,不是他在別人都認為不可能的情況下,不懈地打電話給麥肯納,推銷自己的公司和夢想,就不會有今天人們鍾愛的蘋果產品了。在生活中,我們總會遇到各式各樣的困難,有些困難看起來根本難以克服,但只要不斷地探索和堅持下去,就沒有什麼不可能。

## 凡事盡量弄得有趣些

當我們是學生時,都希望老師把課講得生動有趣些,否則就會昏昏欲睡;工作時,也希望工作是有趣的,這樣我們能投入更多的熱情和激情,把事情做得更完美;我們交朋友時,也希望對方是一個幽默風趣的人,其實,我們也希望自己具有幽默感;如果是枯燥無味的電影,誰會去看呢?就像故事一樣,只有有趣的故事才能一下子抓住人心,總而言之,凡事只有弄得有趣些,才能更大程度地吸引人的注意力。

百事可樂作為世界飲料業兩大大廠之一,一百多年以來與競爭對手可口可樂上演了一場蔚為壯觀的「兩樂之戰」。「兩樂之戰」的前期,也就是1980年代之前,因為競爭手法不夠高明,尤其是廣告的競爭不給力,百事可樂一直是慘淡經營,因此被可口可樂遠遠地甩在後頭。

其實,百事可樂味道也很好,但無論銷售人員怎樣向消費者訴說百事可樂的優點,人們就是不買帳。如何讓人們接受百事可樂呢?1972年,北美洲飲料調查顯示,只喝可口可樂的人占18%,只喝百事可樂的人占4%;但是到了1980年代初期,比例有些變化,可口可樂占12%,百事可樂占

11%。於是,百事公司做了一個測試,名叫 「百事挑戰」。

這個挑戰活動是以一種口味測試的形式進行的。在各種賣場、購物中心和其他公共場所,百事可樂的工作人員搭了一張桌子,擺上兩個沒有標籤的杯子,兩個杯子裡分別裝的是百事可樂與可口可樂。消費者被邀請品嘗兩杯可樂,然後選擇喜歡哪一杯。當品嘗者做出選擇後,百事工作人員會告訴他哪杯是百事可樂哪杯是可口可樂,這樣品嘗者就可以知道自己更喜歡哪個。測試的結果表明,有57%的人選擇了百事可樂,有43%的人選擇了可口可樂。

這是一個非常成功的廣告策劃案例,且十分有趣,人們透過這種與眾不同的盲測方式了解了百事可樂,同時,百事可樂也取得了極好的宣傳效果,一下名聲大振。而負責此次策劃的百事可樂 CEO 史考利,也因此聲名鵲起。同時,也是因為這次成功,史考利被蘋果的賈伯斯盯上了,並最終被賈伯斯挖到了蘋果。

賈伯斯為人另類,從來不喜歡傳統無趣的東西,不管做什麼,他都會盡力弄得別開生面,既有深度又趣味盎然,令人印象深刻。

賈伯斯把史考利挖到蘋果,是因為經歷了輝煌的 5 年之後,蘋果面臨電腦業巨人 IBM 的挑戰。1981 年 8 月推出了 IBM 的個人電腦,雖然並沒有多大的技術創新,但其市場行

## 6 創新是領袖和信徒的區別

銷非常成功，PC 很快家喻戶曉。僅用了兩年時間，PC 的銷售額就超過了蘋果的個人電腦。起初蘋果並不在意，但經過一系列產品的失利，蘋果不得不想辦法對抗 IBM 的強大市場競爭。

蘋果投入 8,000 萬美元研製只需透過圖示、視窗、選單、滑鼠就可以操作的 Macintosh 電腦。為了讓 Macintosh 電腦一炮打響，廣告攻略是必不可少的。但是在廣告策劃上，蘋果內部出現了不同的聲音，因為賈伯斯認可的廣告實在過於「另類」，不過，儘管有反對的聲音，這則廣告還是被通過了。

在 Macintosh 電腦的發表會上，賈伯斯先是熱情演說了一番，他說：「1983 年，蘋果電腦公司和 IBM 公司成為業界最強大的兩大競爭者，兩家公司都在 1983 年銷售出了價值約 10 億美元的個人電腦。但就在今年，1984 年，IBM 公司想獨吞這塊市場。我們意識到唯一的希望就是 IBM 公司讓開財路。經銷商們最初十分歡迎 IBM 公司的個人電腦，但現在他們又害怕個人電腦市場受 IBM 主導和控制。因此，越來越多的經銷商又逐漸回到蘋果的身邊，並且將蘋果作為確保他們未來自由的唯一的力量來源。」

「IBM 公司想獨吞這塊市場，並且正在將槍口指向進行產業控制的最後一個障礙——蘋果電腦公司。藍色巨人（IBM 公司）會主導整個電腦產業、整個資訊時代嗎？喬治‧

奧威爾（George Orwell，英國作家，其代表作為《一九八四》（1984））說得對嗎？」

賈伯斯的演講一貫具有煽動性，他最後一句問句結束後，聽眾立即沸騰起來：「不！不！不！」此時，賈伯斯身後的螢幕開始播放Macintosh的廣告。

這則廣告是商業廣告中的一個經典案例，當時引起了極大的爭議。當時，蘋果決定出資百萬美元在第10屆美國橄欖球超級盃賽中插播關於Macintosh的一分鐘電視宣傳廣告。這個廣告獨具創意：走調的音樂，沉重的腳步聲，一個接一個剃光頭的人成排地緩慢地走著，一張「莊嚴肅穆」的大臉（暗指IBM），正在螢幕上發表言論，正在這時，一個年輕的女郎（代表蘋果）雙手舉著鐵錘衝了進來，她身穿一條紅色短褲和一件白色Mac背心，在她身後有手持重型武器的警察在追趕。女子衝破重重阻隔，奔到螢幕前，扭轉身軀，使出全身的力氣擲出鐵錘，螢幕轟然炸裂，一陣震耳欲聾的粉碎聲隨之產生，旋即煙霧消散，一行簡潔有力的大字閃現出來，並加上旁白：「1月24號蘋果將推出Macintosh電腦，你將會了解它為什麼不同於奧威爾的《一九八四》。」為什麼賈伯斯刻意強調不同於奧威爾的《一九八四》呢？因為在這本暢銷書裡，電腦被描述成機械怪物，而蘋果的Macintosh，正是要將電腦變成人們的工具和玩具。

廣告剛一結束，負責策劃製作「一九八四」的Chiat/Day

公司以及蘋果電腦公司的電話鈴聲立刻響個不停,大部分來電都是問:「這廣告說的是什麼?」、「這是什麼產品?」人們的胃口讓賈伯斯成功地吊了起來。Macintosh 因其獨特的廣告宣傳贏得了空前的關注和廣泛的議論。

美國三大電視網和將近 50 個地方電視臺都在這次超級盃賽後報導並重放了「一九八四」,還有幾十家報紙雜誌評論了「一九八四」及其影響,這些都相當於為蘋果電腦公司和 Macintosh 做了免費廣告。之後,「一九八四」贏得了坎城影展大獎和 30 多項廣告產業的評獎,並被譽為「20 世紀最傑出的商業廣告」。

這則廣告史上的經典案例,在當時備受爭議,但賈伯斯堅持了自己的觀點。這則廣告既寓意深刻,又有趣味,令人見之難忘。

縱觀蘋果所有的產品,都是富含趣味性的,這也是賈伯斯對人性化理解的一個反映,更是人們喜愛蘋果產品的原因之一。相對 iMac 的精緻可愛,那些造型單一、傳統的電腦實在太過於呆板無趣了。

有趣才能受歡迎,有趣才能更有市場,因此,我們要多學習賈伯斯「凡事都盡量弄得有趣些」的忠告,突破常規,不使思維僵化,以「趣」致勝。

# 大膽創新，
# 把強大的競爭對手甩在身後

賈伯斯評價那些有創意但不成功的產品時說：「如果那些又新又酷的產品不能夠為你帶來可觀的利潤，那便不是創新，只是藝術。」

蘋果公司每推出一款新產品，都會引起相關產業的大舉跟風。因為眼紅 iPod 的成功，微軟也開發出了一款類似產品——Zune，羅比‧巴赫（Robbie Bach）說：「微軟的新版 Zune 可以成為蘋果 iPod 播放器的替代品，值得使用者重新選擇。」賈伯斯在 Macworld 會後接受記者採訪時出言譏諷：「巴赫喝醉了吧？在你認識的朋友中，有人使用 Zune 播放器嗎？」賈伯斯說此話當然信心十足，iPod 是一款革命性的產品，打敗了其他那些老牌播放器生產商，在北美市場占到九成以上，沒人能在這個市場上和賈伯斯抗衡。連一向以電子產品著稱的日本廠商，如索尼，也望塵莫及。

把比自己強大的競爭對手遠遠甩在身後，蘋果的技術創新功不可沒。創新是蘋果的核心競爭力，憑藉創新帶來的力量，蘋果不斷在新的領域大展拳腳，並不斷改變著相關市場的競爭格局。

## 6　創新是領袖和信徒的區別

　　iPhone 作為資訊時代、數位時代的一種超級終端，已成為一種新的商業模式的支點。由於整合了 iPod 的功能，iPhone 不僅在音樂和影片播放上成為使用者的完美終端，而且還具有網路通訊功能，因而吸引了相關的網路公司加入進來，成為 iPhone 網路內容的供應商。加上 iPhone 使用者規模的日益龐大，最終，形成了 iPhone ＋ iTunes ＋網路內容供應商（如 Google、Facebook、Twitter 等）的商業模式。

　　這一商業模式蘊藏著無限商機，因而也引起了各方的覬覦，競爭十分慘烈，各方從自己的利益出發，力圖從中爭奪一塊地盤，這種爭奪既有聯盟內的，也有來自另一陣營的。

　　2007 年，五大唱片公司之一的環球唱片公司宣布與蘋果談判破裂：「我們將不再與蘋果公司續約，停止在 iTunes 音樂商店銷售其電視節目。」新聞集團、時代華納、維亞康姆與迪士尼等娛樂產業的大廠們密切地注視著事情的進展，想知道賈伯斯會作何對策，他們認為：「賈伯斯談判的姿態過高，蘋果公司與一般通路商並無差異，卻要求特別定價、特別拆帳。」如果時機成熟，他們可能會採取與環球公司類似的行動。

　　而同時，另外一些競爭對手也發起大舉「進攻」。2007 年，亞馬遜與美國環球唱片公司、索尼公司、華納音樂集團以及百代唱片公司就音樂許可權問題進行了談判，且進展順利，並在當年夏天推出了數位音樂服務。而美國數位音樂公

司 Napster 也推出了 Napster to go 服務，目標直指蘋果 iTunes 網路音樂下載市場。同時，Napster 還與創新公司、戴爾、三星及 irivel 等數位音樂播放器生產商建立了策略聯盟，以對抗以蘋果公司為首的同盟。

不過，賈伯斯已經做好了應戰的準備。在 iPhone 剛上市時，蘋果不允許第三方開發的軟體在其上運行，此時，賈伯斯決定開放 iPhone 智慧型手機的應用開發接口，所有第三方軟體公司都可以為 iPhone 開發應用軟體。

同時，賈伯斯還在影視內容服務上採取了與此前不同的策略。他認為影視與歌曲有著根本的不同，歌曲可以反覆聽，因而使用者願意購買歌曲，而影視很少有人反覆看，加上影視售價較高，所以使用者更願意租賃。因此，賈伯斯決定在影視內容服務上採用租賃的新方式。但這種新方式讓電影公司很擔心，因為人們一旦能很便宜地租賃電影，誰還會進電影院呢？誰還會買他們的 DVD 呢？因此，外界判斷賈伯斯不可能與主要的電影公司達成協議。但出人意料的是，賈伯斯很快與二十世紀福克斯影片公司、迪士尼公司、華納影片公司、派拉蒙影業公司和米高梅影片公司等達成了合作。原來，賈伯斯再次想出了新方法，那就是在 DVD 上市一個月後，使用者才能在 iTunes 上租到電影，且只能租賃 24 小時。租賃一部舊片的價格是 2.99 美元，新片是 3.99 美元。很快，人們就看到迪士尼的很多舊電影在 iTunes 上開始出租

了。其他公司馬上明白過來，立刻跟進。

賈伯斯往往能出其不意地與其他公司達成合作意向，不管是在銷售模式還是合作模式上都大膽創新，完全牽著市場的鼻子走，這使得蘋果在日益複雜的技術競爭背景下能夠得到更多同盟者的支持，奠定自己領先者的地位。

創新是賈伯斯致勝的法寶。他憑藉以客戶為導向的產品創新、技術創新、商業模式創新以及策略創新，大大增強了蘋果電腦公司的競爭力。凡是賈伯斯涉足的領域，如電腦、智慧型手機、音樂播放器、零售店等市場，蘋果的產品都是所向披靡，改變了相關產業的格局，把比自己強大的競爭對手都遠遠地甩在了身後。

我們似乎進入到了一個無所不能的時代，那些曾經被以為是不可改變的東西，結果都發生了前所未有的變化，賈伯斯用他的創新精神給我們上了活生生的一課，他大膽創新，突破了產業之間的界限，破除了一切產業標準，戰勝了在外界看來不可能戰勝的對手。

賈伯斯非常喜歡美國冰球明星韋恩・格雷茨基（Wayne Gretzky）的名言：「我溜向冰球要去的地方，而不是它在的地方。」這也是賈伯斯的創造性所在。這對所有的年輕人來說，何嘗不是一個極大的啟示呢？不要受到傳統觀念的束縛，重新考量自己的觀念，大膽創新，才能取得令人稱道的進步。

## 創新是區分領袖和追隨者的準則

　　許多企業家都鎖定了兩個字──創新，他們所介紹的經驗和發表的感慨也都濃縮成兩個字──創新。在他們不盡相同的成功歷程中，我們可以發現一條相同的脈絡：是創新引領他們走向了成功之路。

　　但賈伯斯更勝一籌。

　　與同樣是奇才的比爾蓋茲相比，賈伯斯的成功與創新更大膽。顯然，賈伯斯的個人魅力更大，這一點從賈伯斯每次出現都能引起粉絲的瘋狂尖叫的情況就可以看出來。蘋果與微軟幾度相爭，微軟曾一路領先。但是蘋果公司在 2010 年一舉超過了微軟，成為全球最具價值的科技公司。另外，微軟在成功之路上，因模仿蘋果不時遭到他人詬病。2007 年，兩大大廠比爾蓋茲和賈伯斯罕見地一起出現在「D：數位化大會」上。在此次大會上，比爾蓋茲稱讚「史蒂夫所做的一切非常了不起」，向賈伯斯對產業和創新精神所產生的影響表示敬意。

　　蘋果公司無論從任何排名看，都是世界上最具創新力的公司，2008 年的《商業週刊》和 BCG 創新學院第一次評選出的全球最具創新力企業 50 強──蘋果公司被毫無爭議地排

## 6　創新是領袖和信徒的區別

在第一位。從 2007 年至 2010 年，蘋果公司的銷售額成長了 165%，毛利率成長了 18%，股票收益成長了 96%。相形之下，其他業界大廠包括微軟都黯然無光，蘋果以領袖的姿態站在時代的前沿。蘋果能做到這樣的原因，是不斷推出具有顛覆性的產品：iTunes、iTouch、iPhone、iPad 等。

賈伯斯做事一向與眾不同，蘋果所做的事情與其他公司也都不一樣。當員工初到蘋果報到時，公司就希望他們立即做一件事，那就是忘掉曾經了解的技術，且忘得越徹底越好。因為無論是產品的設計風格、新產品的設計理念還是公司的營運方式，蘋果都是與眾不同的，如果員工把在其他公司的工作經驗和習慣帶到蘋果來，反而是件麻煩的事，要知道，蘋果是不同尋常的。

在蘋果公司，每週工程師和設計人員都要在一起開兩個完全不同的會議。一個是「腦力激盪會議」，每個人把自己的各種瘋狂的想法說出來，不受任何限制，當然也不受什麼道德、規矩的限制了，無論是新產品特性還是對已有產品的改進，大家隨便說。另一個會議是「生產會議」，這個會議與腦力激盪會議截然相反，它是要把已選定的瘋狂想法盡可能地細化，是怎樣做、為什麼這樣做的落實過程。這兩種會議在整個產品研發的過程中會反覆切換。如果你聽說賈伯斯在最後一刻將一個即將完成的設計一腳踢掉，你就會理解，追求完美的 DNA 是貫穿在蘋果的產品設計中的，這正是蘋果能

成為領袖的原因所在。

說起來，個人電腦、MP3 播放器、手機、平板電腦都不是賈伯斯發明的，但是在賈伯斯的創新熱情之下，這些產品無一不被加上了前所未有的創新元素，都成為了革命性的產品。

賈伯斯和蘋果憑藉 iPod 和 iPhone 這兩款革命性的產品，一舉囊括了若干傑出企業家和最具創新公司的獎項，還重塑了蘋果的股票市值。1997 年，賈伯斯重返蘋果的時候，股價只有 16 美元。2007 年 7 月，蘋果公司股價達到了 145 美元。

可以說創新是蘋果的祕密武器，但賈伯斯並不篤信創新來自一套現成的「系統」。蘋果員工從不參加那些所謂的鍛鍊創新能力的研討會，你當然也不會看到一群蘋果員工在「創新諮商師」帶領下參加精心設計的團隊建設活動。賈伯斯對這些老一套的做法很不屑。他曾對《紐約時報》(*The New York Times*)的羅勃伯・沃克 (Rob Walker) 說：「我們從不說『讓我們來上個創新課』或者『聽好了，這就是創新的五法則』或者『把這些創新寶典掛滿公司』之類的話！」但沃克說很多公司都在試圖採取一套方法來激發員工的創新思維。對此，賈伯斯又流露出對模仿者的不屑，他回應道：「當然，這就像一個並不怎麼酷的人拚命裝酷，結果慘不忍睹⋯⋯就像看著麥可・戴爾跳舞一樣，真的很痛苦。」

## 6　創新是領袖和信徒的區別

只有領袖人物才能說出或才有資格說出這樣的話。

有媒體這樣評價賈伯斯：天賦和意志力的完美結合，一種徹底的精神自由使得賈伯斯這個不太懂技術的人，能夠成為蘋果技術創新的靈魂。

而完美主義者，恰恰是賈伯斯對自己的評價。創新，就是區分領袖與追隨者的準則。每當蘋果的新產品上世，很快市場上就會出現一大堆模仿的產品，但蘋果畢竟是蘋果，你可以模仿，但很難超越。

其實，「創新」並不是高不可攀的事情，每個人都有某種「創新」的能力和潛質。作為在平凡生活中追求夢想的普通人，用創新方法所取得的成效，也不亞於科學家們的新發現。

因此，你也來一次腦力激盪吧，扔掉那些呆板僵死的舊思維，讓創新占領高地，這樣才能脫穎而出，才能成為引領者而不是追隨者。

# 7 勇敢拒絕

成功的人並不一定是最「守規矩」的人，
而是那些肯動腦筋、勇於突破常規的人。

## 對一千件事情說「不」

越是成功的人越知道拒絕機會的重要性,因為機會越多,就意味著誘惑越多,陷阱也越多,失敗的可能性也越大。

蘋果已經成為世界上最有價值的品牌了,但是它旗下的產品卻只用一張小桌子就可以擺下。為什麼會這樣?也許我們從一個有關賈伯斯的小故事中就能找到答案。

馬克・帕克(Mark Parker)在成為耐吉CEO後不久,便打了一個電話給賈伯斯,他說:「你能給我什麼好的建議嗎?」賈伯斯立刻回答道:「好吧,就一個,耐吉生產世界上最好的鞋子,但也生產很多垃圾(鞋子),我的建議是處理掉那些『垃圾』,專注於你們最好的。」說完後,電話裡突然安靜了下來,帕克很快撲哧一笑,但賈伯斯卻沒有笑,他是認真的。事後,帕克說:「他說的完全正確,我們需要重新編輯。」

事實上,帕克所謂的「編輯」不是指設計,而是指做商業決策。賈伯斯曾說過這樣的話:「人們通常認為專注就是對你必須專注的事情說『是』,但實際情況並非如此,事實上它更意味著要對你所擁有的其他幾百個好點子說『不』,只能仔細地選出那麼一兩個最好的出來。事實上,和我做過的事情相比,我為我沒有做過的事情同樣感到自豪。創新就是對其他

一千件事說『不』。」

其實，從本質上，在產品設計、商業決策、交流演示等方面，少即是多，最簡單的事往往最複雜。2008年10月的時候，蘋果公司推出了新一代MacBook筆記本。其首席設計師強尼‧艾夫就告訴觀眾全新的「鋁合金一體外殼」使得蘋果公司去掉了60%的電腦主要零組件。零組件的減少當然意味著電腦更輕更薄。但是，與你想像的相反，它還能使電腦更加堅固耐用。

蘋果受追捧後，很多人都想知道「還有其他的公司也能像蘋果這樣創新嗎？」其實，這個問題並不難了解：很多公司都明白驅動蘋果創新的動力，但是，很少會有公司勇於像蘋果公司這樣去實踐的。因為你必須得具有莫大的勇氣才能像蘋果這樣在1998年將公司旗下的350款產品壓縮到10款；勇於拿下智慧型手機的鍵盤面板換上觸控面板；勇於砍掉Snow Leopard系統部分程式碼，而只為了保證其更加穩定可靠；勇於在重大新產品發表時，讓整個網站的主頁都只呈現那一款產品；勇於設計像iPad這樣一款簡單得連小孩都知道如何去用的產品；勇於像賈伯斯在發表會上那樣，在展示產品的投影片上從來不放一個字⋯⋯這一切的實踐，都需要莫大的勇氣。

其實，這就是蘋果公司的哲學，一種說「不」的哲學。法國小說家聖修伯里（Antoine Saint-Exupéry,《小王子》（Le

## 7　勇敢拒絕

*Petit Prince*）的作者）曾說過這樣一句話，可以用來闡釋蘋果公司的哲學，他說：「一位設計師審查自己的設計是否已臻完美的方法，不應是去考慮還有沒有可以再新增的元素，而是應思考還有沒有可以拿掉的東西。」

追求簡約容易，但要達到簡約，你就必須得拿掉一切影響使用者體驗的東西，不管是產品設計、網站導航、行銷廣告還是投影片演示等。祕訣在於多說「不」，少說「是」，趕緊處理掉那些阻擋你前進的「垃圾」吧！

而長期以來，人們通常認為產品種類是多多益善，企業能為客戶提供愈多產品選擇愈好。比如 P&G，靠多產品策略取得了成功；索尼、三星等同樣也以多產品線為傲，索尼僅隨身聽一個產品名下就曾有 600 多種規格。然而，自從看到蘋果公司的成功後，索尼執行長霍華德・斯金格（Howard Stringer）感嘆，真希望索尼像蘋果公司一樣只專注兩三項產品。

專注讓賈伯斯取得了非凡的成就。從 1990 年代末期到 2000 年初，賈伯斯只專注於自己擅長的領域，在賈伯斯大刀闊斧的改革下，蘋果電腦最多時也只有 6 條產品線，即便發展到 2011 年，也不過增加了 iPhone、Apple tv 和一些 iPod 配件商品。

## 對一千件事情說「不」

機會多不見得就是好事，對一千件事情說「不」，才能確保不會誤入歧途。不要一下子渴求太多，人生總是有所缺憾，往往得到此，也就失去了彼，人生重要的是應該知道自己到底需要什麼。想抓住所有的機會，其結果往往是一無所獲！

## 7 勇敢拒絕

### 壞習慣會浪費時間，並且會使大腦遲鈍

那些甘願被壞習慣奴役的人，一定缺乏堅強的意志，這些人寧願受壞習慣的擺布，也不願犧牲一點努力去糾正，這樣的人如何能觸碰到成功的大門呢？

習慣的力量是巨大的，它可以影響著人們的生活態度、思維方法和行為模式，甚至左右人們一生的成敗。特別是一個人對待時間的習慣，威力更是巨大。一個人若能理解時間對自己的重大意義，並能駕馭利用時間的習慣，就能改變自己的生活方式，主宰自己的命運。

魯迅的成功，有一個重要的祕訣，就是珍惜時間，不敢浪費。魯迅12歲在紹興城讀私塾的時候，父親正患著重病，兩個弟弟尚年幼，魯迅不僅經常上當鋪、跑藥店，還得幫母親做家務。為了不影響學業，他必須做好精確的時間安排。

此後，魯迅幾乎每天都在擠時間。他說：「時間，就像海綿裡的水，只要願擠，總還是有的。」魯迅讀書的興趣十分廣泛，自己也喜歡寫作，對於民間藝術，特別是傳說、繪畫，他也深切愛好。正因為他廣泛涉獵，多方面學習，因此時間對他來說，實在非常重要。他的工作條件和生活環境都不好，但是他每天都要工作到深夜才肯罷休。

## 壞習慣會浪費時間，並且會使大腦遲鈍

在魯迅看來，時間就如同生命。「美國人說，時間就是金錢。但我想：時間就是生命。無端的空耗別人的時間，其實是無異於謀財害命的。」所以，魯迅最討厭那些成天東家跑跑，西家坐坐，說長道短的人，如果在他忙於工作的時候，有人來找他聊天或者閒扯，即使是很要好的朋友，他也會毫不客氣地對人家說：「唉，你又來了，就沒有別的事好做嗎？」

但凡成功的人總有相似的特質，絕不浪費時間就是其中之一。賈伯斯也是一個不喜歡浪費時間的人，他總是最有效地利用時間，將工作做得又快又好，所以，雖然他性格怪異，但這一點讓所有人都感到佩服。

在雅達利公司工作是賈伯斯最為正式的一次打工經歷，這份工作的老闆、雅達利公司的奠基人諾蘭·布希內爾（Nolan Bushnell）後來評價賈伯斯時說：「當他想做某件事情的時候，他給我的計畫表都是按照天和星期計劃的，而不是按照月或者年計劃的，我喜歡他的這種行事風格。」

賈伯斯只是在雅達利公司做一些小事情。有一天，他去找首席工程師奧爾康，提出辭職，說他想去印度。在那時，雅達利公司在德國的遊戲市場出了點問題，奧爾康決定讓賈伯斯在去印度之前先到德國把這個問題解決掉。於是，奧爾康簡單地向賈伯斯介紹了一下德國那邊的情況，就讓這個年

## 7　勇敢拒絕

輕人啟程了。奧爾康讓賈伯斯在兩小時內解決問題，結果他真就在兩小時之內把問題解決了。

賈伯斯解決問題從來都快捷有效率，這與他的習慣有關。他幾乎從不看電視，他認為這是一種壞習慣，會浪費大量的寶貴時間，他說：「我認為看電視的時候，人的大腦基本停止工作，打開電腦的時候，大腦才開始運轉。」

有一些理論研究顯示，電視對人的精神和心智都是有害處的。其實，大多數電視觀眾都知道這個壞習慣會浪費時間，並且會使大腦變得遲鈍，但是他們還是選擇待在電視機前面。關掉電視吧，為自己省點腦細胞。還有，電腦也會讓你的大腦遲鈍，不信的話你可以去跟那些一天花 8 小時玩第一視角射擊遊戲、賽車遊戲、角色扮演遊戲的人聊聊看，你也會得出這個結論的。

為什麼賈伯斯幾十年來，都能保持創新的大腦？而許多和他同齡甚至比他年輕的人都已失去創造性了呢？一個很大的原因就在於壞習慣的影響，壞習慣不但會浪費時間，並且會使大腦慢慢遲鈍。

1998 年 5 月，美國華盛頓大學有幸請來世界鉅富華倫・巴菲特和比爾蓋茲演講。當人們問到「你們怎麼能變得比上帝還富有？」這一問題時，巴菲特說：「這個問題非常簡單，原因不在於智商。為何聰明人會做出一些阻礙自己發揮全部

功效的事情呢?原因在於習慣。」他認為壞習慣會阻礙人成功,能成功的人都擁有好的習慣。蓋茲對此也深有同感,他說:「我認為華倫關於習慣的話完全正確。」

有這樣一句話:「今日的你是你過去習慣的結果;今日的習慣將是你明日的命運。」改變所有讓你不成功的壞習慣,你的生活、命運將會改變。你的習慣領域越大,生命將越自由、越充滿活力,你的成就也會越大。

其實,成功有時候也並非想像的那麼困難,每天都養成一個好習慣,不要浪費時間,並堅持下去,成功就指日可待了。養成一個好習慣很容易,但要堅持下去很難。而大多數人缺乏這種信念和毅力的結合,所以成功的人很少。如果你戒掉了壞習慣,擁有了好習慣,勤於思考,積極行動,那麼就等於你擁有了成功。

## 7　勇敢拒絕

> 加強自我管理，大步走向未來

很多成功人士都有一個共同的體會：要想有所作為，就必須重視提升自我管理的能力。縱觀古今中外，凡大成者，絕不僅僅是從被別人管理或者管理別人中獲得成功的，而是透過嚴格的自我管理才獲得大成和圓滿的。「現代戲劇之父」易卜生（Henrik Ibsen）告誡後人：「你的最大責任就是把你這塊材料鑄造成器。」只有學會了自我管理，才會把自己造就成一個能夠持續成功的人。

一個連自己都管理不好的人，如何去奢談成功、贏得別人的尊重呢？12年的放逐之後，賈伯斯又回到夢之初始。這也是他個人風格開始發生轉變的重要時期。在許多人看來，賈伯斯變得善於聽取別人的意見了，善於吸收他人的好想法了，性格上不再像以前那樣過於稜角突兀，也不再成為辦公室最讓人討厭的人；同時，他也要求員工加強自我管理，服從上級的命令，認真完成自己的工作，否則一律開除……鑑於蘋果當時管理的混亂狀況，賈伯斯一上臺就制定了一套嚴格的規章制度，如禁止在公司抽菸，禁止將寵物帶入公司等。

賈伯斯之所以制定如此嚴厲的規章制度，是因為當時蘋果聘用制度有些問題，員工進了公司後，基本上就不會被辭

退，所以大多數員工都非常「安逸」，他們已經習慣了晚上班、早下班，工作時間內也嬉戲玩鬧。最重要的是，賈伯斯認為，蘋果員工失去了以往的創新精神，是一種失敗者的心態。在網路時代，在競爭如此激烈的電腦產業，沒有緊迫感和高效的管理是不可能成功的，於是，賈伯斯決定實施鐵腕改革。他制定了一系列的規章制度，甚至要求所有員工在工作期間不能接聽電話、不能外出等。他還會因員工不服從管理而將其開除，以此確立領導者的權威，確保管理者命令的絕對執行。

有這樣一個事例：2008 年，蘋果研發 MobileMe 網路服務，但該項服務存在大量的漏洞，而且其電子郵件服務也極為尷尬，總之，這是蘋果一款極差的產品，以致評論家將該產品戲稱為「MobileMess」。據《財星》雜誌稱，對於這一難堪的結果，賈伯斯的確難以接受，他質問 MobileMe 產品研發團隊：「誰能夠說出 MobileMe 是用來做什麼的？」在得到一個答覆之後，他又繼續大聲質問道：「他媽的，那你們為什麼沒把它做好呢？」

賈伯斯的憤怒並不止於此，他還對著整個團隊憤懣地表示：「你們玷汙了蘋果公司的聲譽。你們應為拖彼此的後腿而相互憎恨。」隨後，賈伯斯立即任命一位新管理者來營運 MobileMe 業務。之後不久，MobileMe 產品原研發團隊的多數員工紛紛被解僱。

## 7　勇敢拒絕

　　賈伯斯要求蘋果員工嚴格要求自己，每次開會之後，如果有員工仍存在困惑或犯了錯，那麼就別怪賈伯斯不客氣了，他不會容許這些員工提出任何藉口。蘋果公司每一次有效的會議都會列出一個「行動表」，每個行動表會指定一名「直接責任人」，直接責任人必須確保圓滿完成任務，否則後果自負。

　　對於那些資深的員工，賈伯斯也會一視同仁。在賈伯斯的眼裡，高級別的員工更沒有任何理由去犯錯。賈伯斯曾在召開副執行長會議時表示：「如果你們是普通的看門人，理由可能會發揮作用。」

　　正是由於賈伯斯這種強化自我管理並要求員工也強化自我管理的做法，蘋果才重新煥發出了生機。眾所周知，賈伯斯也是歷經挫折，如果他沒有很強的自我管理能力，根本無法走到今天。

　　就拿產品設計來說，即使別人看不出什麼問題，賈伯斯也會否決自己不滿意的方案。也正因為他具有如此高的標準，從不自我滿足自我鬆懈，人們才會發出這樣的感嘆：「賈伯斯是怎麼做到的？蘋果是如何生產出如此神奇的產品的？」

　　其實，在我們每個人的生命裡，都潛藏著一種非常巨大的力量，但要透過引導和管理才能激發出來。人的一切行為

都是接受自我管理的,善於自我管理的人,能透過不斷的自我激勵或調節使自己永遠具有前進的動力。自我管理是一個人事業成功的推動力,其實質則是一個人掌握自己命運的能力。

自我管理的能力,就是取得成功的能力。不能做好自我管理,怎能把事情做好?所以,就如賈伯斯所說的:「加強自我管理能力吧,未來會向你招手。」我們一定要在工作、生活中強化自我管理的能力,提高效率,一步步向未來的成功靠近。

## 7 勇敢拒絕

### 做任何事，絕不拖拉

一個人想要在自己的職業生涯中取得成功，克服拖拉的習慣至關重要。不要怠惰，不要把事情拖延到一起再集中處理，要立即行動起來，立刻去做手中的每一件事情。而且不管做什麼事都要全力以赴地去做，這樣才會提高工作效率，出色地完成任務。

「想做的事情，馬上動手，不要拖延！」這是許多成功人士總結出來的「黃金法則」。成功者從不拖延，總是立即行動，他們對工作的態度是立即執行，所以把握住了成功的機會。凡是留待明天處理的態度就是拖延和猶豫，這不但會阻礙事業上的進步，也會加重生活的壓力。

賈伯斯就是一個雷厲風行的人。我們知道，賈伯斯一貫痛恨浪費時間，所以他做事很果斷，絕不拖泥帶水。在處理一個員工的去留問題上，他就充分展現出了這一特點。

當時，蘋果準備啟動麥金塔計畫，需要從內部員工中調配精兵強將組成一個專門小組，其中赫茲菲爾德就在應選之列。赫茲菲爾德是名很優秀的程式工程師，此前一直在 apple 小組，賈伯斯要將他吸納到計畫小組裡，但是赫茲菲爾德卻對蘋果實施的一項解僱計畫不滿，因為他一個重要的合作夥伴及好朋友被解僱了，因此他提出了自己的疑問，並表達了

離去之意。不過,從他內心來講,他是很願意為麥金塔工作的。所以他有些猶豫不決。

賈伯斯找到赫茲菲爾德,問:「你究竟參不參加麥金塔電腦小組?」

赫茲菲爾德說:「我可以參加,但我有個想法,現在我感覺待在蘋果了無趣味。我可能要離開公司,瑞克(赫茲菲爾德的合作夥伴及好朋友)的解僱讓我心裡不痛快,這種做法是不對的!」

賈伯斯立刻說道:「我們是在談論你,不是瑞克。那麼,你是同意參加麥金塔電腦小組了?」

「什麼?」赫茲菲爾德有些不解。

賈伯斯說:「我是說,你搬過來,從今天起你就可以為麥金塔電腦小組工作了!」

「好吧,再等一下,我還必須處理點事情,大概需要幾個星期才能處理完!」

「不行!我需要你立刻行動!」賈伯斯乾脆將赫茲菲爾德桌上的電腦關掉,拔掉插頭,然後抱著整臺電腦,嘴裡說著:「來,現在我就送你過去,如果你還需要什麼東西,晚些再回來拿!」

這就是賈伯斯的作風。赫茲菲爾德表達了他樂意為賈伯斯的計畫工作的意願,但心中又有些不滿,因此他內心矛

## 7　勇敢拒絕

盾、遲疑不決。在這個時候,賈伯斯的果斷作風發揮了效力,他不容赫茲菲爾德再有猶豫的機會,於是直接拔掉他的電腦插頭,幫助或者說強迫他做了決定。如果任由赫茲菲爾德再花上幾個星期考慮,那情形可能就大不相同了。

美國著名成功學大師說:「一次行動足以顯示一個人的弱點和優點是什麼,能夠及時提醒此人找到人生的突破口。」毫無疑問,那些成功者都是勤於行動和巧妙行動的大師。所以在人生的道路上,我們做任何事,不要養成拖延的習慣。

生活中總是充滿變數,機會轉瞬即逝,如果不當機立斷,很可能會造成無法彌補的遺憾。這一點,賈伯斯深有感觸。

在他創立 NeXT 並開發出 NeXTSTEP 軟體之時,產業大廠 IBM 向他丟擲了橄欖枝。當時,微軟正在一步步地壟斷電腦作業系統市場,並且為了保持自身的優勢,微軟憑藉自己在作業系統上的技術優勢和市場占有率,對所有具威脅性的競爭對手實行打壓策略,試圖吞併他們的公司,然後將其開發的優秀軟體整合到自己的作業系統裡。微軟還使用其他商業策略,逐漸壟斷了電腦作業系統市場和主流應用軟體市場。這樣就使得電腦市場上的角力發生了變化,以前是微軟迎合 IBM,現在是微軟迫使 IBM、HP 和 DELL 等電腦硬體製造商在研發時遷就自己的軟體技術標準。因此,這些硬體

製造商希望能找到替代 Windows 的作業系統,以抵制微軟。

雖然賈伯斯的 NeXT 電腦賣得不怎麼樣,但它的作業系統 NeXTSTEP 卻十分優秀,包括 IBM 在內的一些電腦硬體製造商希望用它來對抗微軟。於是,IBM 的時任 CEO 艾克斯(John Akers)讓其助理打了個電話給賈伯斯,希望雙方在 NeXT 的新型作業系統上進行合作。接到這個電話後,賈伯斯很高興,因為當時 NeXT 正營運困難,如果能與藍色巨人 IBM 合作,無疑能幫助 NeXT 擺脫困境。

但是,當 IBM 的主管拿著一份長達 100 多頁的合作協議給他看時,他當著這位主管的面,把它丟進了垃圾桶裡,說:「這是什麼?我可沒有時間和耐心將這 100 多頁的協議書看完,如果想與我合作,就應該提供一份我喜歡的那種既簡單又簡短的、不超過 10 頁的協議書。」IBM 雖然對賈伯斯的無禮非常生氣,但是出於大局考慮,他們又重新擬訂了一份沒有超過 10 頁的合作協議,這耗費了一段時間。在這份合作協議上,IBM 希望 NeXT 以後專攻軟體,停止硬體產品的生產。這一要求遭到了賈伯斯的斷然拒絕,他堅持讓 IDM 刪除這一要求,否則放棄合作,幾番討價還價之下,IBM 終於做出了讓步,賈伯斯這才在協議書上簽了字。

但這份合作協議書來得太晚了,因為 IBM 內部的人事鬥爭,支持與 NeXT 合作的 IBM 高層領導者被擠出了決策層,

## 7　勇敢拒絕

　　因此，這份合作協議沒來得及執行，然後就不了了之了。就這樣，賈伯斯錯過了一次占領作業系統市場的絕好機會，讓微軟成為了世界上一枝獨秀的作業系統供應商。

　　也許你早已為自己的未來勾畫了一個美好藍圖，但它同時也為你帶來煩惱，你感到自己遲遲不能將計付諸實施，你總是說，我要尋找更好的機會，或者常常對自己說：留著明天再做。這些做法將極大地影響你的做事效率。因此，要獲得成功，必須立刻開始行動。

## 成功者往往都是離經叛道者

離經叛道，是讓很多人都看不慣的，但事實由不得你不換一種眼光去重新審視。你認為你還需要做個乖孩子嗎？你認為那些讓你啃了十幾年的書能成為你笑傲江湖的寶典嗎？如果是這樣的話，你很難成就一番偉業。

當然，賈伯斯是離經叛道者中的典型代表人物，他手下有一員大將約翰·拉塞特也是一個離經叛道的天才人物。賈伯斯人生中的一個極大轉機就是因為皮克斯，而毋庸置疑，約翰·拉塞特始終是鑄就皮克斯的靈魂人物，在這位大師之前，電腦技術和動畫藝術根本就是涇渭分明的兩個產業。賈伯斯不止一次稱拉塞特為「真正的天才」。

然而，作為一個離經叛道者，拉塞特的成長之路，充滿了曲折，一度不為人們所認可。若不是後來賈伯斯慧眼識英雄，這位影響動畫電影史的天才可能就埋沒於民間了。

從孩提時代起，拉塞特就痴迷於動畫製作，那時候的迪士尼是每個孩子的夢想。1975 年，拉塞特成了迪士尼投資成立的美國加州藝術學院的第一批學員之一，開始接受迪士尼式的經典卡通片製作教育。在這段求學時間，拉塞特如飢似渴地感受著迪士尼文化，甚至考取了迪士尼樂園遊艇的操作

## 7　勇敢拒絕

證書。後來，拉塞特曾這樣評價自己的這段生活：「那是我一生中少有的幾次，感到自己在正確的時間、正確的地點，做著正確的事。」

拉塞特在加州藝術學院學習了 4 年，其間他製作了兩部動畫電影，分別為《小姐和燈》和《噩夢》，均為他贏得了學生奧斯卡獎。一切看起來都很順利，接受了迪士尼經典教育的拉塞特，應該順理成章地成為迪士尼動畫王國的一位出色的藝術家。然而，因為拉塞特對於技術的狂熱和對夢想死不悔改的執著，他終於變成離經叛道的顛覆者。

1982 年，拉塞特從迪士尼當時正在製作的電影《電子世界爭霸戰》中發現了電腦新技術帶來的潛能。他意識到電腦可以生成 3D 的背景，讓 2D 的人物穿梭其中，於是想把這一創意加入《電子世界爭霸戰》，但遭到部門主管的拒絕。「為什麼不能用電腦技術製作動畫背景，然後再加上傳統手繪的卡通人物形象呢？」拉塞特無法抑制內心的滿腔熱情，他越過部門主管，獲得一位年輕高層的首肯，利用新技術製作了一個 30 秒的短片。

但拉塞特的雄心在迪士尼內部引發了恐懼與懷疑，許多傳統的動畫藝術家擔心電腦的使用將會壓縮自己的生存空間。迪士尼的元老之一法蘭克·湯瑪斯（Frank Thomas）甚至向拉塞特提出警告：「你如果非要用電腦而不是鉛筆製作出新

的人物形象，你就走得太遠了！」但拉塞特不顧各種反對意見，迫不及待地向部門主管展示這一成果，結果發現對方根本不感興趣。更糟糕的是，這位部門主管在離開5分鐘後即打來電話：「你被迪士尼公司解僱了。」

多年以後，迪士尼公司的製片人唐・哈恩（Don Hahn）回憶道：「很顯然，迪士尼當時不知道應該如何安排這個年輕人，他太不同尋常了。拉塞特是天生的導演，天生的領導者，他的熱情與雄心早已超越了迪士尼那個時候所能給予他的空間。」

1984年，在參加一個電腦製圖大會時，拉塞特結識了主講人艾德・卡特姆，卡特姆邀請拉塞特加入喬治・盧卡斯（George Lucas）為拍攝《星際大戰》系列所創立的電腦動畫部，該部門致力於融合當時最新的電腦影像技術與傳統的動畫藝術。

「當我第一次進入盧卡斯的電腦動畫部時，我被嚇到了，在我身邊圍繞著一大群各個專業的天才。」拉塞特的雄心再次被喚醒，他全身心地投入到3D動畫的製作之中。

後來，盧卡斯以電腦動畫部不賺錢為由，將該部門以1,000萬美元的價格賣給賈伯斯。隨即在1986年，拉塞特、卡特姆和賈伯斯創立了皮克斯，並選用了那個經典的檯燈形象作為公司的圖騰。

## 7　勇敢拒絕

　　拉塞特憑藉一己之力，製作出第一部 3D 動畫短片《頑皮跳跳燈》，這個經典的檯燈形象被視為皮克斯「樂觀與決心」精神的永恆象徵。在製作動畫短片《小錫兵》時，由於經費緊張，拉塞特和同事共用一臺電腦。拉塞特上晚班，所有工作都在晚上 10 點鐘到凌晨五六點鐘中間進行，他甚至連續幾週用床墊在電腦桌底下打地鋪，那個已成為傳奇的檯燈是他夜晚唯一的夥伴……

　　1991 年，皮克斯與迪士尼合作，但此時，在卡通片領域君臨天下的迪士尼對「小不點」皮克斯的創作能力充滿質疑，一大堆來自迪士尼的意見砸向皮克斯。「Make It Edge」（Edge 是迪士尼卡通片的經典套路，意指含有迎合成年人心態的人物形象與故事情節）成為籠罩在拉塞特團隊頭上的「緊箍咒」。

　　迪士尼陳舊的票房祕方顯然無法和新技術下的人物形象契合，迪士尼的陳腐規則與拉塞特的「離經叛道」無法整合。《玩具總動員》被迪士尼否定。

　　拉塞特和賈伯斯，這兩個離經叛道者，都感覺很沮喪，因為拉塞特想藉助這次機會實現自己動畫電影的夢想，而賈伯斯則是想藉助迪士尼的力量打個翻身仗。不過，賈伯斯一向不甘於失敗，他很快打起精神，鼓勵拉塞特，說：「夥計，這只是暫停，當我們解決了問題時，一切又會恢復的。我相

信你的才華，我們有最好的技術，只是遇到了一個小插曲，趕緊行動起來吧，不要坐等機會溜走。」

不錯，機會再也沒有溜走，從《玩具總動員》開始，皮克斯的每一部動畫電影都取得了驚人的成功。拉塞特，一個曾在迪士尼眼裡「離經叛道」的怪才，最終在另一個「離經叛道」者的手下完成了「離經叛道」的夢想。

其實，在拉塞特為皮克斯動畫工作室執導的動畫短片《小錫兵》獲得奧斯卡最佳動畫短片獎時，迪士尼就開始想方設法把他挖回去。但是，直到2006年迪士尼收購皮克斯前，拉塞特都以同一個理由婉拒：「到迪士尼，我可以當一名導演，但待在這裡，我卻可以創造歷史。」

賈伯斯相信自己能「改變世界」，拉塞特要「創造歷史」，聽起來都是這樣驚世駭俗、離經叛道，但最後事實證明，能成就一番偉業的，往往都是離經叛道者。2006年，已經震撼世界的皮克斯被迪士尼用74億美元和「絕不干涉創作的自由」的承諾收購後，拉塞特也用另一個榮耀的方式，實現了自己改變迪士尼文化的夢想。

2009年，儘管第66屆威尼斯國際電影節9月才拉開帷幕，但電影節主席馬克‧穆勒（Marco Müller）就迫不及待地提前宣布了當年終身成就獎的得主──以好萊塢著名動畫電影製作人兼導演拉塞特為首的皮克斯五大元老。他熱情洋溢

## 7　勇敢拒絕

地讚揚拉塞特:「他不僅為動畫業的發展帶來了歷史性的影響,創造了難以想像的經濟利益,同時也為世界電影的科技化發展方向帶來一種新象,突破了好萊塢傳統特效電影的創作模式。」

當你突破常規做別人沒做過的事或是做那些所謂偉人都沒有做成功的事的時候,你周圍的人就可能會認為你不正常,嘲笑你異想天開,說你離經叛道,而因此疏遠你,甚至排擠你。這些都不重要,重要的是你要**勇**於行動,很多事**實**證明,成功的人並不一定是最「守規矩」的人,而是那些願意動腦筋、突破常規的人。

# 沒有什麼可以毀掉我的生活

在這個世界上並不是什麼事情都會一帆風順，甚至有很多事情是不公平的。有時你會發現，所有的一切都在和你作對，不管你事前做了多少準備，投入了多少努力與時間，花費了多少精力或者是金錢，事情的發展卻總是不盡如人意，或者是遭遇了強大的競爭對手，或者是其他客觀原因。總之，擺在你面前的始終只有失敗，你損失了大筆的金錢，甚至血本無歸，甚至失去了健康。那麼，在屢遭打擊之後，你是否還能樂觀地面對生活？是否還能鼓起勇氣再來挑戰一次？

賈伯斯對此非常有發言權。在接受《花花公子》雜誌的採訪時，他面對挫折的態度值得所有人學習。

提問：我們活過了 1984 年，但電腦並沒有統治世界，儘管有人或許會認為這難以置信。如果因為電腦的激增而被評論或者表揚的話，你，29 歲的電腦革命之父肯定是第一人選。這也為你帶來了超越夢想的巨大財富──你的股票曾幾乎價值 5 億美元，對吧？

回答（賈伯斯）：其實股票下跌讓我一年損失了 2.5 億美元（笑）。

## 7　勇敢拒絕

提問：你還能笑得出來？

回答（賈伯斯）：我不會讓它毀了我的生活。這難道不好笑嗎？我對這些錢的主要反應就是覺得這很幽默。所有的注意力都放在金錢上，但是，這根本不是過去 10 年間發生在我身上最深刻或者說最有價值的事。這有時反而會讓我感覺蒼老，當我在大學做演講時，我發現學生們對我最多的理解就是，我是個百萬富翁。

當我還是一個學生時，1960 年代剛剛過去，當前這股功利的浪潮還沒有開始。如今的學生們甚至不去想理想主義的事，或至少想得很少。當他們學習商學時，一定不會讓任何哲學問題占用他們太多的時間。但 1960 年代那股理想主義風潮仍在我們背後不遠處，我認識的多數和我年紀相仿的人甚至已經根深蒂固地融入了那種思想。

2.5 億美元，對大多數人來說，這是個天文數字，一年損失了如此巨大的財富，若換了常人，必定寢食不安，精神崩潰，但賈伯斯卻一笑了之，因為這根本就不是「發生在我身上最深刻或者說最有價值的事」。縱然是 25 億美元，也休想讓他失去生活的平衡。

2003 年 10 月，在一次例行體檢中，賈伯斯被查出胰臟長了瘤，這幾乎等於宣判了他的死刑，唯一的有效治療方式是手術。這樣的事情發生在任何人身上，大概都不能輕鬆面

對，生活會從此變得一團灰暗。

但是，信仰佛教和素食主義的賈伯斯一向抗拒主流醫學，他拒絕手術治療，而堅持一種神祕的飲食療法。蘋果的董事們為此頭痛了9個月，因為怕動搖股民的信心，他們不得不封鎖賈伯斯身患絕症的消息。直到2004年6月，賈伯斯終於動了手術。

腫瘤摘除後，賈伯斯寫了一封郵件給員工，輕描淡寫地說自己得了癌症，但「現已痊癒」，9月就回公司上班。這封郵件公布出來次日，蘋果的股價就狂跌，隨後又恢復正常。

對於賈伯斯的回歸，分析人士稱：「賈伯斯重新掌舵這家過去10年在他帶領下煥發生機的公司，會令投資者備感欣慰。他的回歸令該公司重新籠罩上了光環。」

不過，賈伯斯的健康情況似乎並非他向外界宣稱的那樣樂觀。賈伯斯明顯消瘦，並不時有關於其健康狀況惡化的傳聞，關於賈伯斯能否繼續執掌蘋果公司的猜測一直也沒有平息。

2008年這種傳聞和猜測達到了巔峰。6月9日，當賈伯斯公開亮相，在蘋果公司全球開發者大會上發表新一代iPhone時，他瘦弱的外表引發了關於他癌症復發的憂慮。蘋果公司的股票遭到瘋狂拋售，以致當日蘋果公司的股價下跌了4美元。

## 7 勇敢拒絕

6週後,《紐約時報》引用一位匿名人士的話說,賈伯斯已知會蘋果董事會,他的癌症並未復發,只不過是略施了一些減肥的小手術,蘋果公司的股票因之上漲。

8月,彭博社誤發了一條賈伯斯的訃告。不過,彭博社當天就發現了差錯並立即進行了撤銷。彭博社對此解釋說,媒體通常會為名人預先準備訃告並不斷更新,以備不時之需。彭博社的一名員工當天更新編輯系統資料時,誤把給賈伯斯的「備用」訃告公之於眾。

不過,類似的烏龍事件仍有發生。2008年10月初,CNN旗下網站iReport的一位「公民記者」發了一篇純屬捏造的假新聞:「幾小時之前,賈伯斯心臟病嚴重發作,已火速趕往歐洲。據蘋果內部人士稱,賈伯斯出現了嚴重的胸痛和呼吸短促症狀,呼叫了醫務人員緊急治療。」

這條假消息一出,蘋果公司的股價從105.04美元急跌至94.65美元,這也是蘋果公司股票自2007年5月以來首次跌破100美元,導致蘋果公司市值在瞬間蒸發了90億美元。蘋果公司立刻緊急釋出宣告闢謠,指消息「失實」。CNN也發表宣告稱「已刪除這一欺騙性內容」,蘋果公司的股票這才止住下跌。

自從被確診胰臟癌後,賈伯斯的健康問題總是「折磨著關注蘋果的人」。虛假的賈伯斯訃告、心臟病突發死亡等假新聞曾數度讓蘋果股價大跌。然而,這一事件的主角賈伯斯卻

顯得格外冷靜，沒有任何表示。2011年1月17日，在致蘋果全體員工的一封郵件中，賈伯斯寫道：

大家好：

　　應我的請求，公司董事會已經批准我休病假，以專注於我的健康問題。我將繼續擔任蘋果CEO，並繼續參與公司的重大策略決策。

　　我已經請求提姆‧庫克（Tim Cook）代我負責處理公司的全部日常工作，我相信，庫克和公司其他管理者能夠順利執行2011年的既定計畫，圓滿完成這份工作。

　　我十分熱愛公司，並希望盡快返回。同時，我和我的家人對大家尊重我們的個人隱私深表感激。

賈伯斯

　　儘管外界對賈伯斯的健康問題猜測不斷，蘋果公司的股價也為此幾番跌宕起伏，但這一切對賈伯斯來說似乎無關緊要，從他的郵件中，我們彷彿又看到了那個信心十足、在舞臺上熱情四射的蘋果教父，儘管籠罩在死亡的威脅下，但是他沒有失去生活的信心。

　　生命旅途中，難免遭受各種磨難，讓我們身心疲憊不堪，對生活、對人生不由產生了失望，甚至絕望。而那只能讓事情變得更糟糕，無論是何境地，我們都要堅強起來，不能讓任何磨難毀掉我們的生活，因為那將是最大的磨難。

## 7　勇敢拒絕

# 8 來自失敗的成功

失敗不過是一個更明智的重新開始的機會,人生也是這樣,遭遇失敗時,只要我們積極去面對,認真去思考,總會有方法克服困難,超越失敗,最終取得成功。

## 8　來自失敗的成功

# 每一個成功者都曾經歷過失敗

哈佛商學院教授約翰・科特（John Kotter）說：「20 年之前，當企業主管們討論一個高級職務的人選時，如果提到這個人 32 歲時就遭受慘重的失敗，別的人準會附和：『確實如此，那可不是個好兆頭。』可是在今天，當主管們討論人選時會說：『這太讓我們擔心了，因為這個人還未曾經歷過失敗。』」

作為蘋果傳奇的締造者，賈伯斯總與「睿智」兩個字連繫在一起，他在自己的職業生涯中做出了一個又一個明智的決定。然而，金無足赤，人無完人，賈伯斯也非聖賢之人，過去也犯下了不少或大或小的錯，經歷了不少失敗和打擊，人生也有許多遺憾。2011 年美國一家網站曾列出賈伯斯 10 個較大的錯誤和失敗：

**1. 讓史考利掌管蘋果**

賈伯斯那時還很年輕，因此他可能認為讓一個成熟的人來掌管蘋果會更好。但是，史考利不懂蘋果，最終，還把賈伯斯掃地出門。10 年之後，當賈伯斯談及這段傷心的往事時說：「我還能說什麼？我看錯了人，他把我之前耗費在蘋果上的 10 年心血全毀了。」

## 2. 怒甩蘋果股票

在被史考利掃地出門後,賈伯斯一怒之下把他所持有的全部蘋果股票都賣了,僅保留了一股以便得到蘋果的年報。當時這或許是個好主意,但是後來看起來此舉是多麼愚蠢。以後來蘋果的股價來計算,賈伯斯當時賣掉的股票不知道該值多少錢。

## 3. 拒絕承認女兒

賈伯斯23歲就當上了父親,但是他卻在很長一段時間裡拒絕承認並撫養這個女兒。更為荒唐的是,賈伯斯竟然在法庭資料中發誓「自己沒有生育能力,因此,從生理上講不可能生兒育女」。這明顯不是事實。到了因蘋果而成為億萬富翁的時候,賈伯斯仍拒絕撫養自己的女兒,而那時為他生下女兒的前女友依靠政府救濟生活。不過,賈伯斯後來承認了這個錯誤,與女兒的關係開始緩和。

## 4. NeXT業務模式失誤

離開蘋果後,賈伯斯又創辦了一家公司NeXT,仍然從事電腦業務,專注於開發超高階、超昂貴的電腦。但因為價格高得離譜,所以產品鮮有人問津,NeXT又轉而開發軟體。對賈伯斯來說,這是極為罕見的失誤,但是最終NeXT走出了困境,賈伯斯把它以4.29億美元的價格出售給蘋果,

將 NeXT 開發的軟體作為 OS X 系統的基本平臺,而 OS X 系統後來又成為了 iOS 的基礎。

### 5. 蘋果認股權醜聞

這是一個無法改變或掩蓋的事實,賈伯斯一度因認股權醜聞而險些下臺。但這似乎是一個無傷大雅的錯誤,其他公司 CEO 也會犯下同樣的錯。但是鑑於賈伯斯並不真正在乎金錢,他這樣做顯然是愚蠢之舉。

### 6. 長期信任施密特

蘋果公司在幾乎每個主要業務領域都有一個強大的對手,那就是 Google。它們兩家公司都在為平板電腦、智慧型手機和桌上型電腦開發軟體。蘋果公司曾愚蠢地讓 Google 前 CEO 艾瑞克·施密特(Eric Schmidt)持有蘋果董事會一個席位,而且長達 3 年之久,令 Google 對蘋果公司這些業務的運作模式瞭如指掌。

### 7. 與 AT&T 合作時間過長

如果賈伯斯能早一年結束與 AT&T 的獨家代理協議,而改與其他營運商合作的話,那麼美國智慧型手機市場將會是另外一番景象。摩托羅拉在 2009 年底發表了第一款 Verizon 版 Droid 手機。這是市場上第一款採用 Android 作業系統的手機,也是 Verizon 應對蘋果 iPhone 挑戰的一個解決之道。

如果蘋果公司能在 2010 年初與 Verizon 合作，那麼 Verizon 不只會銷售 Android 智慧型手機，Google Android 平臺或許不會那麼受歡迎。賈伯斯還在等待時機，蘋果在智慧型手機的市場份額依然保持不變。

### 8. 與 AdMob 交易告吹

2009 年，當賈伯斯還在猶豫是否收購 AdMob 時，Google 卻搶先一步收購了這家公司。雖說交易告吹對蘋果來說並不是末日來臨，但是確實對蘋果公司打擊很大。

### 9.「天線門」公關危機

蘋果的聲譽因「天線門」事件嚴重受損。iPhone4 變成訊號問題的「代名詞」。這一事件爆發後，蘋果公司官方一度沒有任何說法和回應，有使用者寫了封電子郵件給賈伯斯，抱怨說手一握住 iPhone4 就導致訊號劇降。沒想到賈伯斯居然回覆了這封郵件，但是內容只有一句話：「別那麼拿不就行了。」

### 10. 從未投身慈善事業

賈伯斯的個人資產數額巨大，但是他似乎要把所有的錢都留給自己，他和蘋果公司從來沒有進行過任何大規模的慈善活動。可能賈伯斯私下裡也向慈善機構捐過錢，但是大多數富人捐錢都會留名，這樣做有兩個好處，一個是能提升他

們在民眾心目中的形象，另一個是能提高民眾對慈善事業的關注度。

但無論是怎樣失敗，賈伯斯還是東山再起了，而且更加輝煌。這告訴我們，無論是生意還是人生都不可能盡如人意，當考驗和磨礪來臨時，要勇敢面對。在一個人失意落魄之時，最能檢驗他的本質和能力，從來沒有一個英雄會向困難投降，也從沒有一個害怕挫折和失敗的人能夠為勝利所擁抱。

犯錯或失敗並不可怕，只要汲取教訓，有戰勝困難的勇氣和不屈不撓的鬥志，相信總有一天可以捲土重來。

從賈伯斯的經歷中我們可以看到，失敗或犯錯對於他也是不可避免的事，沒有不經挫折就能隨便成功的人。這些失敗或錯誤反而給了他堅持的力量，讓他知道如何更好地走向成功。

因此，不要害怕失敗或犯錯，這是成長和成功的必經之路，正如一首歌所唱「不經歷風雨，怎麼見彩虹，沒有人能隨隨便便成功」。

## 想辦法解決困難才是關鍵

　　具有正面心態的人往往正面地思考，保持樂觀的情緒，他們不拘泥於成規，而是創造成功的條件；而心態負面、悲觀的失敗者，他們被過去的失敗和憂慮所支配。當然，樂觀的心態並不代表你的人生會一帆風順，但是，它一定會改善你待人接物的方式，進而改善你的人生。

　　人生總要遇到各種的磨難，好比唐僧西天取經，總有劫難等著你去克服。如果你此時怨天尤人、一蹶不振，那你就真的完了。事實不會因為你的痛苦就發生改變，如果你能努力保持良好的心態，保持冷靜，積極採取行動，那麼磨難就會變成「磨刀石」，不但能讓你捲土重來、東山再起，還使你變得更加出類拔萃。

　　賈伯斯的粗暴作風有時會讓他的員工惱怒不已，但同時他也是蘋果電腦公司未來夢想的開拓者。在他的帶領下，蘋果的員工才能上下一心，克服困難，共同創造蘋果電腦的輝煌。

　　蘋果電腦公司起步沒多久時，由於自己不能承擔大型電腦內部記憶體的費用，因此，賈伯斯就在呼叫電腦公司開了個帳戶，與其他使用者共同使用這一服務。有一天，程式設

計師威金頓在使用 BASIC 語言系統時，突然出了問題，他6個星期的工作成果突然從呼叫電腦公司的分時電腦系統上消失不見了。威金頓想盡一切辦法試圖恢復他的系統資料，但沒有成功。通常呼叫電腦公司的分時系統中心會隨時備份相關的資料，但這次卻不知為什麼，威金頓這麼多的編碼資料突然就無影無蹤了。

如果有備份，那麼即使不是最新的，但最起碼威金頓不用再從零開始做起。威金頓立刻打電話給呼叫電腦公司，希望其提供一下備份資料。但該公司的負責人凱姆拉蒂卻拒絕了，因為賈伯斯和沃茲尼克曾對他大為不敬，更重要的是，由於資金周轉不靈，蘋果電腦公司已經好幾個月沒向呼叫電腦公司交納服務費了。想要資料，必須先把服務費補齊。

賈伯斯告訴威金頓不要擔心，會有辦法處理這件事的。他打電話給凱姆拉蒂，先努力使他平靜下來，然後，賈伯斯對凱姆拉蒂說，假如他能拿著帳單過來，蘋果電腦公司馬上付給他服務費。凱姆拉蒂答應了。一切進展得似乎很順利，就在凱姆拉蒂想要結束通話打算出門的時候，賈伯斯補充說，希望凱姆拉蒂先把蘋果電腦公司備份的資料恢復，這樣威金頓就能繼續工作了。凱姆拉蒂答應了賈伯斯的請求。

就在凱姆拉蒂驅車來蘋果的路上，威金頓馬上下載了分時系統中心的備份資料，並關閉了分時系統，然後就悄無聲

## 想辦法解決困難才是關鍵

息地離開了,而其他人都不知道究竟發生了什麼事。沒多久,凱姆拉蒂就來到了賈伯斯跟前,然而賈伯斯卻裝作毫不知情地告訴他,蘋果電腦公司根本就沒有什麼帳單,因為他的電腦已經好幾個月沒開機了,他正愁得要命,所以他沒有理由付費。

凱姆拉蒂以前練過拳擊,曾是一名不錯的拳擊運動員,鼻子碩大,身體格外強壯。而賈伯斯是個素食主義者,身材相對瘦弱,顯得弱不禁風,而且他平時練習的是靜坐參禪,而不是體育運動。所以,對賈伯斯來說,耍弄像凱姆拉蒂這樣的人,實在需要很大的勇氣。凱姆拉蒂雖然怒不可遏,但只能強忍住沒把賈伯斯暴打一頓,最後氣沖沖地走了。

遇到問題就想辦法解決,就是失敗了也想辦法重來,這就是賈伯斯的作風。在現實中,有些人之所以害怕失敗,是因為他們害怕失去自信心,他們總是試圖將自己置於萬無一失的位置,不幸的是,正是這種態度牢牢地把他們困在了一個不可能做出什麼傑出成就的位置上。還有的人懼怕失敗,是因為他們害怕失去第二次機會。在他們看來,萬一失敗了,就再也得不到第二個機會來爭取成功了。如果這些人知道,有多少成功人士都曾經失敗過,就會為他們增添一些希望。而立之年,曾被視為英雄的賈伯斯被掃地出門,顏面盡失,彷彿一下從天上掉到了地上,賈伯斯的心情可想而知,

他把《新聞評論》雜誌的一名記者請到家中,他心情悲憤,嚴厲指責史考利的做法。這名記者後來回憶說:「由於情緒難以抑制,他變得像個失去理智的孩子,他狂風暴雨般地發洩著心中的怒氣和指責。」離開蘋果的賈伯斯沉寂了數月,他的朋友們曾擔心他會自殺。

在這人生的重要關口,他終於挺了過來,他又恢復了對自己的信心,對實現自己的夢想變得樂觀。就像他後來在史丹佛大學演講時所說:他怎麼也沒有想到,當時他認為最糟糕的事情——被蘋果開除,現在看來是他所經歷的最好的也是最幸運的事情。失落的心情被從頭做起的輕鬆感所取代。

一天,賈伯斯在和一位諾貝爾獎得主聊天時,突然產生了創辦下一家公司的衝動。

「讓創新的輪子再轉起來,和一幫天才製造酷斃了的玩意。」賈伯斯稱。

的確,當賈伯斯決定重新創立自己的公司時,突然感覺身上的包袱被丟掉了,未來又是一片光明。他對自己的NeXT充滿了信心。

在外界的一片質疑聲中,賈伯斯花費重金請來世界著名的建築大師為他設計NeXT大樓,他要把NeXT大樓打造成矽谷獨具特色的偉大建築。他將建築外面塗上白漆,而玻璃全部採用綠色的,非常引人注目。然後,賈伯斯又花費10萬

想辦法解決困難才是關鍵

美元聘請了美國第一流的設計大師保羅‧蘭德（Paul Rand）為其設計 NeXT 的商標。保羅‧蘭德曾為眾多美國知名公司設計過商標，如 ABC、UPS、IBM 等。當賈伯斯找到他時，保羅‧蘭德正以一個品牌顧問的身分服務於 IBM。考慮到可能會影響到 IBM 的利益，因此，蘭德拒絕了賈伯斯的邀請。然而，在與賈伯斯的幾番交談後，蘭德被賈伯斯的誠意所打動，答應了賈伯斯的請求。

蘭德為賈伯斯設計的 NeXT 是一個多彩的立方體，就像是用積木搭成的，且字母的顏色各不相同。除了字母 e，其他 3 個字母都是大寫的，這是為了突出表示 NeXT 公司是專門針對教育領域的電腦市場的。

然而，賈伯斯的這些舉動受到了外界的指責和嘲笑，人們認為，花重金聘請世界一流的設計師來設計辦公大樓和商標，只適用於那些功成名就的大企業，像賈伯斯這種公司剛剛成立，連產品都還沒有一個的新公司，且面臨的困難這麼多，很可能撐不了多長時間，花這麼多錢實在是浪費。但賈伯斯可不這麼認為，他覺得雖然現在自己困難重重，但這些困難都是暫時的，假以時日，他一定能取得成功。

1987 年，賈伯斯帶 NeXT 員工參觀完在建工廠後，攝影記者拍下了一張照片，畫面中的賈伯斯鼓著掌歡暢地笑著，他的員工沒在陰影裡。從賈伯斯的表情來看，他的員工應該

做出了熱烈的回應，他們對自己的前途似乎很樂觀，沒有任何困難能阻擋他們。

　　亨利‧福特說：「失敗不過是一個更明智的重新開始的機會。」賈伯斯的經歷正詮釋了這一點。儘管找尋解決問題的方法很困難，但是只要我們努力地去想辦法，方法總是會找到的。同樣，人生也是這樣，遭遇失敗時，只要我們去面對，認真思考，總會有方法克服困難，超越失敗，最終取得成功。

## 磚牆阻擋的是那些不誠心的人

　　世上無難事，只怕有心人。沒有一顆堅定、真誠的心，很容易被前進路上的困難所嚇倒，或者被迷惑，就像西天取經一樣，如果唐僧沒有一顆堅定執著的向佛之心，只怕第一步就踏不出長安城，何以到達西天取得真經呢？

　　蘋果紅了。賈伯斯的一舉一動都左右著蘋果的股價，當他生病的消息傳出，蘋果股價迅即下落；而當他意外出席iPad2的發表會時，蘋果的股價迅速上升。

　　人們熱愛蘋果，崇拜賈伯斯，不只是因為無與倫比的蘋果產品，更多的是因為蘊含在那些產品中的夢想和那種夢想者的執著精神。誰都知道，賈伯斯曾大起大落，從輝煌中淡去，又以「復仇者」的姿態引領了世界潮流。

　　「我只有30歲，我還想為電腦事業貢獻自己的力量，也希望取得一定的成就。」在那段最黑暗的日子裡，賈伯斯感到既難過又迷惑。「我的心還會一直在那裡，」他說，「蘋果就像是我的初戀。就像所有的男人都會想念他們第一個深愛過的女人一樣，我也會一直想念『我』的蘋果。蘋果一直會存在於我的心靈深處，因為我曾經在這裡工作過，而且蘋果的價值體系和信念是我從事商業活動的根本。若說蘋果只是一

## 8　來自失敗的成功

個商品生產基地,其他所有的東西都沒有生命的氣息,那麼在蘋果,人們就會忘記電腦是到目前為止人類最偉大的一項發明。我也會感到我失去了對電腦真諦的理解。即使我現在遠離了蘋果,蘋果的其他員工也會和以前一樣忠誠,他們仍會努力工作,並還會創造出更加輝煌的業績,而我也會感到我的根還是在蘋果的。」

古人云,精誠所至,金石為開。正是因為賈伯斯有一顆「精誠」的心,所以才能在一個接一個的打擊下,依然堅持自己的理想,最終衝破障礙組成的「磚牆」,贏得成功。

李博士非常推崇蘭迪‧鮑許(Randy Pausch)教授的理念。蘭迪教授喜歡使用一面咖啡色的磚牆來代表阻擋在前進路上的困難。對此,李博士在自己的部落格中說:

在追尋夢想的途中,一定會困難重重。蘭迪教授在講座中不止一次地使用一面咖啡色的磚牆來代表較難克服的困難。在追尋夢想的過程中,這面牆常常擋在我們面前。但這面牆所能擋住的其實是那些沒有誠意的、不相信童年夢想的人!蘭迪教授說:「這面牆讓我們知道,為它後面的夢想而努力是值得的。這面牆迫使我們向自己證明,我們是多麼渴望牆後面的寶藏——我們的夢想!」

蘭迪教授認為,要得到磚牆後面的寶藏,你必須想盡辦法,努力工作,還需要甘冒風險,克服自己的惰性,離開自

## 磚牆阻擋的是那些不誠心的人

己的「安樂窩」，主動地去爭取和開拓。例如，當年輕的蘭迪收到卡內基梅隆大學的拒絕信時，他想盡辦法得到了一次與卡內基梅隆電腦系主任見面的機會，並當面說服了那位系主任，使之收回成命，錄取了他。

蘭迪教授有一個夢想是進入迪士尼的夢幻工程隊設計雲霄飛車。雖然他多次收到迪士尼公司寄給他的拒絕信，但他沒有氣餒，並保留起這些信件，用它們激勵自己繼續努力。終於有一次，蘭迪在一個學術會議上發表演講後，一位夢幻工程隊的工程師向他提問，蘭迪是這麼回答他的：「我很願意回答你的問題，但我想先問你：明天可以和我一起共進午餐嗎？」這一次午餐終於讓夢幻工程隊認識了蘭迪，此後不久，他就得到了夢幻工程隊的工作邀請。

蘭迪只有一個夢想沒有實現——他沒能成為職業橄欖球運動員。但是他認為，從這個沒有實現的夢想中得到的東西，可能比從已經實現的夢想中得到的還要多。他雖然沒有成為職業球員，但是打球幫助他建立了信心，培養了努力的習慣，提高了團隊合作的能力。對此，他總結說：「如果你非常想要某一樣東西，而你努力過了卻又沒有得到它，那麼你收穫的就是寶貴的經驗。」

如蘭迪教授所說：磚牆阻擋的是那些不誠心的人。正如俗話所說，世上無難事，只怕有心人。

## 當你不具備實力時，暫且忍耐

忍耐，就是堅持一個過程、等待一段時間，並在這個過程中、這段時間內默默地奮鬥下去，直到成功。耐心確保了勝利必將屬於賈伯斯，因為他謀求的不是眼前的小利，而是長遠的勝利。

人生不會總是一帆風順，很多時候我們都要學會忍耐，因為忍耐會帶給我們力量，忍耐會帶給我們機會，當我們收回拳頭的時候，不是因為我們放棄了搏擊，而是我們在積蓄力量，因為只有收回的拳頭打出去才更有力。

有對賈伯斯的評論稱：他在 1986 年從喬治·盧卡斯手中用 1,000 萬美元買下他的電腦動畫部成立皮克斯動畫工作室堪稱最佳投資。因為 2006 年皮克斯被迪士尼收購後，賈伯斯得到的迪士尼股票市值達到 39 億美元，一舉成為迪士尼最大個人股東。然而，能走到這一步，實屬不易。

1991 年，因為看到電腦動畫在未來的發展趨勢，迪士尼決定與擁有先進電腦動畫技術的皮克斯合作，進行一次大膽嘗試，製作一部電腦動畫電影，並邀請賈伯斯與迪士尼就合作的具體方式進行商談。

賈伯斯對這次合作充滿了期待。一是因為他知道動畫電

影市場是一個利潤豐厚的領域，一部成功的電影動輒帶來上億美元的收入，而賣動畫軟體的收入還不夠抵銷他前期投入的巨大成本，如果能製作一部成功的動畫電影，他的翻身就指日可待了。二是因為迪士尼是一個老牌動畫霸主，有強大的電影發行管道，有了這樣的支持，賈伯斯的成功便有了保證。

雖然皮克斯擁有電腦動畫製作領域最好的技術和一流的動畫電影創作人，但仍不過是一個只有技術的小公司，不論是在資金還是在經驗方面都非常有限，實力與迪士尼根本無法相提並論。因此，迪士尼處處占了上風，在談判中信心十足，十分霸道。

對此，賈伯斯只能忍氣吞聲，因為他需要迪士尼來為這部動畫電影注資，並且，他並不清楚動畫電影製作的詳細過程，當然更不知道怎樣進行成本預算，所以，為了達成合作，他只能在合作條款上讓步。

最終，雙方簽訂了一份合作協議：迪士尼對這部動畫電影的製作、行銷和發行進行投資，皮克斯負責這部動畫電影的創作，迪士尼負責對這部動畫電影的創作提出建議。皮克斯可以拿到10%到15%的分成，擁有為片子開發軟體的所有權。另外，迪士尼還附加了兩個苛刻的條件，一是在整個電影製作的過程中，必須由拉塞特擔任動畫設計師職務，如

## 8 來自失敗的成功

果他中途離開,那麼合作也宣告作廢;二是迪士尼擁有影片的版權,這意味著它有權不透過皮克斯獨立開發電影的續集,它還擁有音像製品的全部利潤,還有權銷售和這部影片有關的產品,且銷售收入全部歸迪士尼所有,這些產品包括玩具、文具用品、裝飾用品等。無疑,這個條件對皮克斯是非常苛刻的,但有什麼辦法呢?為了將來的發展,賈伯斯只能接受。從此,它們開始了 30 年的合作。

經過 4 年的努力,《玩具總動員》橫空出世,並大獲成功。這大大增添了賈伯斯的信心,他感覺到一個新的機遇正在等著他。他決定將皮克斯打造成一個品牌,為自己的動畫王國奠基。

在這樣的思路下,賈伯斯要求迪士尼更改與皮克斯的合作條款,他提出了三條要求。一是撤銷迪士尼對製作電影的建議權,由皮克斯獨立完成製作。這一點對於皮克斯的獨立和成熟至關重要。二是要把皮克斯註冊成一個品牌名。賈伯斯認為這樣可以提高皮克斯的知名度,樹立公司形象。三是要求在所有有關影片的產品上都要印有皮克斯的商標,並且不能小於迪士尼的商標。

可以看出來,這三點要求基本上都是針對品牌建設的,沒有涉及利益分配問題,這一點也反映出了賈伯斯的成熟,他知道如今自己不具備和迪士尼談條件的實力,他目前最需

要的是讓皮克斯藉助迪士尼迅速成長,要知道,皮克斯剛剛從軟體銷售轉到動畫製作方面,缺乏這方面的經驗,一切都還處於不成熟的狀態。

另外,還有一個對賈伯斯有利的情況是,由於迪士尼內部的鬥爭,迪士尼的原經理卡森伯格(Jeffrey Katzenberg)跳槽到了迪士尼的競爭對手夢工廠,對迪士尼形成了不小的威脅。《玩具總動員》的成功充分證明了皮克斯在電腦動畫領域不容置疑的實力,誰能與皮克斯合作,就意味著誰在電腦動畫領域贏得了先機。很顯然,夢工廠正在為此努力,這是迪士尼所不願看到的。

意識到此刻與皮克斯緊密合作的重要性,且賈伯斯並沒有提出修改利益分配的要求,於是,迪士尼很大方地接受了賈伯斯的要求。

繼《玩具總動員》後,皮克斯又相繼推出了《蟲蟲危機》、《玩具總動員2》和《怪獸電力公司》,都大獲成功,票房屢創新高。皮克斯聲名大噪,成了票房的保證。

與此相反的是,迪士尼卻越來越擔憂,因為票房越成功,賈伯斯的信心越足,會掌控談判的主動權,到那時迪士尼只怕很難占到便宜了。因此,當迪士尼與皮克斯合作協議中的最後一部影片《海底總動員》在進行創作時,迪士尼希望其失敗,並且,迪士尼的時任CEO艾斯納(Michael Eisner)

竟公開斥責皮克斯及其創作團隊,甚至還說《海底總動員》不會取得如《玩具總動員》和《怪獸電力公司》那樣的成功。

聽到這樣的話後,賈伯斯非常生氣,恨不得立刻找到艾斯納,大聲地質問他。但是,賈伯斯強壓住了心頭的怒火,他不能在與迪士尼的合作還沒結束時就與其翻臉,他轉而安慰、鼓勵自己的創作團隊拿出更好的作品,粉碎艾斯納的無恥謊言。

結果,《海底總動員》的首映成績就突破了 7,000 萬美元,全美票房收入達 3.4 億美元,海外收入則達到了前所未有的 4.8 億美元。一舉擊敗了廣受關注的《駭客任務:重裝上陣》,成為年度北美票房冠軍。

這個前所未有的好成績,更助長了賈伯斯的信心,他公開對艾斯納的言論進行了反擊。更重要的是,現在他有條件與迪士尼討價還價了,他的皮克斯在人才、技術、資金、品牌等方面都得到了極大的提升,成為了電腦動畫製作領域的王者,是動畫電影新趨勢的領導者,無論是迪士尼還是夢工廠,都不敢小覷皮克斯的實力。

因此,在與迪士尼洽談第 6 部卡通片的發行問題時,賈伯斯提出要獨享影片的 90% 利潤,只支付給迪士尼 10% 的發行費用。該要求遭到迪士尼的斷然拒絕。因為皮克斯所拍的每部電影都為迪士尼帶來至少兩億美元的收入,如果按照

賈伯斯的條款，迪士尼所攫取的利潤將減少大半，這當然是迪士尼無法容忍的。艾斯納態度強硬地說：「是迪士尼為皮克斯帶來了高額利潤，這一點賈伯斯恐怕沒搞清楚。」而賈伯斯則說：「我們需要的是一個平等的合作夥伴，而不是替人工作。」雙方都不肯退讓，10個月之後，談判陷入了僵局。賈伯斯宣布中止與迪士尼的談判，試圖逼迪士尼就範。消息一出，迪士尼的股價應聲而落。

而此時，迪士尼內部的權力鬥爭再度燃起，反對艾斯納的聲音越來越高，迪士尼創始人華特・迪士尼（Walt Disney）的女兒也表示艾斯納應該立刻辭職。賈伯斯也乘機公開表態說：「皮克斯將來可能不會與一家不同的公司合作，但卻會與一個不同的執行長合作。」他顯然是在暗示迪士尼立即趕走強硬派的艾斯納。

而迪士尼一方面面對著夢工廠等強敵的競爭，業績不斷下滑，另一方面由於內部的權力鬥爭損耗了元氣，急需扭轉這種不利局面，於是迪士尼董事會做出了辭退艾斯納的決定，由羅伯特・艾格（Robert Iger）接替他的職位。

羅伯特・艾格上任後，經過與董事會討論認為，收購皮克斯是使迪士尼擺脫目前困境的最好辦法，不僅可以在電腦動畫製作領域獲得優勢，而且同時獲得了利潤成長。賈伯斯也認為這事非常可行，因為這樣可以鞏固皮克斯在動畫電影

領域的地位，可以涉足其他相關領域，擴大皮克斯的業務範圍。

2006年1月，迪士尼宣布以74億美元的價格收購皮克斯。隨後，賈伯斯發表宣告：「今後，迪士尼與皮克斯將更為緊密地合作，雙方的資源實現了共享，再也不會為利益分配而產生矛盾，這為我們推出更優秀的動畫電影做好了準備。」

縱觀賈伯斯與迪士尼的合作歷程，我們可以看出，在最開始合作時，雙方簽訂的合作協議對賈伯斯來說是不公平的，迪士尼占盡了好處，而皮克斯淪為了一個代工公司。但為了長遠的發展，賈伯斯選擇了忍耐，專注於做出一部又一部的動畫電影作品，打響了品牌。當有了足夠的實力後，賈伯斯開始強硬起來，堅持爭取自己的利益，最後，竟成為了迪士尼最大的個人股東，書寫了一段傳奇。

有人說：「能耐，就是能夠忍耐。」這話雖有些極端，但也從一個側面說明了忍耐對於成功的重要性。一個人縱有滿腹才華，但如果不懂得忍耐，那他往往就會因衝動而誤事。只有具備足夠的實力後，才能扭轉局面，成就人生大業。

# 9 勝敗之差

「在路上」的感覺很多人都知道,那是一種熱切期待的感覺,讓人充滿了活力,這也是你成功的祕訣。

## 贏得勝利有時需要反其道而行之

美國人漢弗萊・B・尼爾（Humphrey B. Neill）在《逆向思考的藝術》（The Art of Contrary Thinking）中說：「當所有人想的都一樣時，可能每個人都錯了。」人們習慣於沿著事物發展的正向方向去思考問題並尋求解決辦法。其實，對於某些問題，從結論往回推，倒過來思考，反其道而行之，或許會使問題簡單化，甚至因此而有所發現，創造出奇蹟。

曾經，大多數公司都透過部落格和 Twitter 等途徑增強與顧客之間的連繫，蘋果卻恰恰相反，它刻意地保持著與媒體、股東和民眾之間溝通的距離。並且，大多數公司為了讓自己的產品廣為人知，總是主動向外界提供產品的消息，或者砸重金在各種媒體上大做廣告，讓媒體來報導自己。而作為最酷的公司，蘋果很少自己花錢去做廣告，大部分都是媒體主動地、免費地為蘋果做宣傳。

為什麼媒體願意為蘋果免費做宣傳呢？這與賈伯斯的「反傳統」行銷策略有關。

與其他公司不同，賈伯斯為蘋果建立了一種「保密文化」。放眼天下，恐怕沒有哪家公司比蘋果更神祕了，如果員工膽大包天，視保密條款如無物，那將遭到重罰。蘋果的員工可能會因為洩漏一些花邊消息而被解僱，而蘋果也一向以

## 贏得勝利有時需要反其道而行之

向自己的員工散播虛假的產品計畫而聞名。《紐約時報》就曾撰文說：「蘋果很酷，也很冷酷。它隨時向世界大言不慚，在談自己公司的內部運作時，它總是謊話連篇，透過部落格和其他方式愚弄世人。」

「在涉及資訊安全時，它把每個人搞得跟神經病似的。」曾在蘋果從事 iPhone 觸控式螢幕技術工作的馬克漢布林表示：「我從沒在其他公司見過類似的情況。」愛德華艾澤曼為蘋果工作過 4 年，他後來自己開了家科技顧問公司，他說：「iPod 推出時，我和我工作的同事都沒見過面。」2005 年，愛德華不慎向蘋果的合作夥伴透露了一些軟體的消息，結果捲鋪蓋走人。愛德華說，蘋果總是在徵人和炒掉人。

2008 年，蘋果公司在一場官司中失利，法庭判決它向兩家網站支付 70 萬美元的訴訟費。事件的起因是兩家網站將開發代號為「小行星」的蘋果公司的新產品消息發布到網路上，蘋果公司便以侵犯商業祕密為由將其告上法庭，同時要求被告提供洩密者的姓名。這看起來像一個普通的商業祕密案件，但《連線》雜誌在採訪一位曾在蘋果公司任職的人士後透露：「小行星」專案確實存在，但它並非蘋果公司的新產品，而是賈伯斯本人精心炮製的一個「金絲鳥籠」。所謂「金絲鳥籠」，是反間諜工作的常用套路，其手法是向組織內的每個人傳達不同的資訊，最後根據被洩漏的資訊確定其源頭，發現潛藏的洩密者。有人認為，賈伯斯試圖以並不存在的「小行

## 9 勝敗之差

星」專案誘騙對手上鉤,然後順藤摸瓜,揪出潛藏在蘋果公司內部的洩密者。還有另一種觀點認為,這是賈伯斯在故弄玄虛,吊外界的胃口,因為這樣一來,所有的人都在猜測蘋果公司的新產品到底是什麼。

iPhone 未出,賈伯斯就已經鋪張渲染,勾起了世人的興趣。從 2004 年至 iPhone 面世前,外界關於蘋果手機的外觀圖片和名字有著幾十種版本,賈伯斯透過這種傳播方式讓蘋果手機的概念提前進入了使用者的大腦。

2007 年 1 月,蘋果手機露出了廬山真面目,並給了人們兩個驚喜:第一,誰也沒猜中其外觀;第二,誰都猜中了名字是「iPhone」,而且這個名字是蘋果花重金從思科手裡買回來的。

而且,在 iPhone 沒上市之前,賈伯斯又一次吊使用者的胃口,讓 Google 的前 CEO 施密特先拿到真機,大肆幫 iPhone 預熱:「這是一款功能極其強大的新設備,當然也是 Google 提供應用程式的好對象。隨著時間的推移,相信 Google 和蘋果公司會在 iPhone 上有更多的合作。」

在 iPhone 研發和上市的過程中,賈伯斯將保密手段發揮得淋漓盡致,以至於有關賈伯斯保密的各種小故事在矽谷四下流傳,他本人也因此獲得「間諜大師」這一業界少見的名號,iPhone 則被稱為保密運作的典範。

賈伯斯要求員工與公司簽訂保密協議，所有專案都使用代號。在產品研發過程中，貫徹「需要才能知道」的保密原則──不同部門只知道對其業務來說必需的那些資訊。

以 iPod 為例，在其釋出之前，除公司高層外，只有廣告部事先知道它的正式名稱，其他員工只知道 iPod 開發階段的代號「揚琴」。而且，為了避免產品外觀洩漏，iPod 在出廠之前的測試階段一直被嚴密包裹著，實際上 iPod 的大小與普通的 MP3 沒什麼區別，但測試包裹的體積超出了其實際許多倍。

賈伯斯為什麼如此青睞保密？保密不但是保護創意的法寶，同時也是一種相當有效的市場推廣手段。每次蘋果推出新產品之前，賈伯斯都在保密上大做文章，以此來吸引外界眼球──不用蘋果自己做廣告，被保密吊起胃口的媒體心甘情願地免費替蘋果做廣告，且是爭相報導。

在賈伯斯的引領下，蘋果創造了一個又一個行銷奇蹟。他的「反傳統」行銷策略引起了研究者的極大興趣。分析師孟斯特（Gene Munster）研究了蘋果公司 5 年，他說：「蘋果不溝通，完全是個黑盒子。」他還舉例說，4 年前，一位蘋果的管理者告訴他，蘋果對開發一個便宜且不帶螢幕的 iPod 毫無興趣，然而不久之後，iPod shuffle 就誕生了。

德拉華大學的約翰・溫伯格公司管理研究中心主任查爾

斯（Charles Elson）說：「在現在的環境下，太透明是很危險的一件事，本來你給市場的資訊越多越好，但如果是一家致力於創新的科技公司，不透明也可以理解。」

賈伯斯的反傳統行銷思維給了我們極大啟示，在當今這個多元化的社會，每個群體和個體都有自己的特點和優勢，在思考和判斷時，不能人云亦云，因循守舊，保持自己思維的開創性最重要，對司空見慣的、似乎已成定論的事物或觀點要反過來思考，勇於反其道而行之，將取得別人意想不到的成功。

## 每天對工作日充滿期待

松下幸之助曾說：我從不愛用那些總是抱怨自己的職務、待遇與自己的才能不相稱，認為自己懷才不遇的員工。我所喜歡的是對工作充滿了熱忱和期待，非常有責任心的員工，他們即使本身能力並不是很出色，但是他們在工作中踏實肯幹，對自己的工作不挑剔，能真正花力氣在工作上，遇到困難和麻煩不會退縮。

當你抱怨自己的工作時，你是否反省過：你是否因為每天的工作而充滿熱情和動力，是否每天對工作日充滿期待？

賈伯斯對工作一向充滿期待和熱忱，而且他也把這種期待和熱忱盡量傳遞給身邊的每個員工。在接受《新聞週刊》(Newsweek)的採訪時，當被問及「如何培養蘋果員工的工作動力」時，賈伯斯這樣回答道：「我們做的都是最瘋狂、最偉大的事情。我們都選擇用我們的一生去做這件事。我們要改變世界，我們的工作就是讓世界變得更美好。」

賈伯斯就是用這種「改變世界」的哲學為員工不斷補充動力，激起員工對工作的熱忱和期待。賈伯斯對工作有著強烈的信念，就像列昂諾夫 (Aleksey Leonov)的一句話：「生活裡沒有做不到的事情，但需要有強烈的願望，必要時應該不惜生命。」

## 9 勝敗之差

　　這種強烈的願望，只要是為賈伯斯工作過的人，都能強烈地感受到。曾任蘋果產品行銷主管的伊萬吉里斯特這樣描述賈伯斯：「他有著無可挑剔的品味和卓越的設計感，這幾乎影響著他做的每一件事。如果你恰好用過 iDVD，你就體驗了一個完美的例子──選單主題。這些模版看似簡單，其實是從世界一流的選單設計公司精心設計的幾百件作品中，經過嚴格挑選、比較，最後才產生出來的。這是一種痛苦，賈伯斯每週都要帶來一大堆被提議的方案，你必須仔細地看，最後駁回所有的，除了那一個或者兩個。」

　　「在路上」的感覺很多人都知道，那是一種熱切期待的感覺，讓人充滿了活力。對於賈伯斯來說，身上就總有一種「在路上」的感覺，他不會因為一件產品已經完工而暫時停止工作，去放自己一個大假，他總是馬不停蹄地、滿懷期待地投入到下一個工作項目中去。對他來說，每一個工作日都是最寶貴的時間。

　　賈伯斯瘋狂式的熱情，曾一度被人懷疑他不可能成功，因為對工作如此富有熱情的賈伯斯，有時會把這些動力變成對員工的壓力。在賈伯斯面前，很多員工都是戰戰兢兢，心理上要承受極大壓力，甚至員工都不敢和他一塊搭電梯。提姆‧庫克曾經這樣說過：「蘋果公司不適合那些心臟承受能力不強的人。」但結果證明，賈伯斯不是一般的成功，同時也說明，沒有一家不付諸對工作的期待就能成功的公司。

## 每天對工作日充滿期待

時間是這個世界上最公平的東西,它不會停止,也不會變快,當然也不會變慢。可同樣的 10 年,對不同的人來說,變化是不一樣的,甚至差別巨大。原因何在?在於你每天對工作的態度:你是對工作抱著懶散的態度,一天當半天過呢,還是對工作抱著期待的態度,一天當兩天過呢?

不同的態度,是否抱有期待感,是決定一個人成功與否的關鍵。

德國一家大公司的總經理史密斯就是一個每天對工作、對公司充滿期待的人。

每天清晨 6 點,史密斯準時來到自己的辦公室,先是讀 20 分鐘經營管理哲學的書,然後便思考、籌劃本年度內必須完成的重要工作,以及所需要採取的措施和制度。接著,他開始考慮本週的工作,把本週內需要做的事情一一列在黑板上。之後把這些考慮好的大大小小的事情,如更換某個員工的椅子,公司的大政方針和計畫等等,與祕書一起商量一番,然後做出決定,由祕書具體操辦。

史密斯對工作的這種期待和熱忱,極大地提高了自己的工作效率,員工也備受他這種情緒的感染和鼓舞,同時也促使了公司整體績效的提高。

我們身邊總有三種人,一種是像賈伯斯和史密斯這樣的,每天對工作充滿期待,把所要做的每件事情都安排得井

然有序,以興奮、飽滿的心態迎接第二天的到來,因此工作效率比平常人高出許多;第二種人是持相反態度的人,一想到第二天要上班,他們就會唉聲嘆氣,彷彿工作是一項讓他們身心備受煎熬的事情,而且工作起來敷衍潦草,應付了事,工作效率當然很低,這種人只對週末充滿期待;第三種人看起來也是熱情滿懷,他們「喜歡」工作,總是興致勃勃地制定出一些計畫表,要如何如何,但總是三分鐘熱度,「三天打魚,兩天晒網」,過不了幾天就拋諸腦後了,這種人自然也很難做出成績來。

你屬於哪一種人?如果心中有夢想,想要成就卓越,那我們應該以怎樣的心態面對每一個工作日呢?要主動還是懈怠,相信你的心中已經有了明確的答案,你的選擇決定了你工作的成績。

期待吧,就像賈伯斯那樣瘋狂!對工作充滿熱忱充滿期待的人,不論途中遇到多少艱難險阻,都會像世界旅館業大王希爾頓(Conrad Hilton)一樣:「就算一輩子洗馬桶,也要做一名最出色的洗馬桶的人。」這,就是一種工作態度,一個滿懷期待的人的選擇。

## 超前思考,始終活在未來

對一個人來說,超前思考會讓其少走彎路,從而最大限度地實現自己的人生價值和社會價值。

什麼叫超前思考?它是指人類思維活動中對未來所進行的思維活動,是人透過大腦對事物發展的趨勢或者未來的大致格局進行的推斷和推測,是對未來的一種前瞻性判斷。在社會發展的許多領域中,超前思考做出了巨大的貢獻。

2011年3月2日,因病久未在公開場合露面的賈伯斯,意外現身舊金山芳草地藝術中心,親自揭幕iPad2的發表會,成為外界關注焦點。賈伯斯當天身著代表性黑色高領衫和牛仔褲現身,受到熱烈歡迎。他身形消瘦但精神矍鑠,在舞臺上來回踱步介紹iPad2的功能與特色。

賈伯斯恐怕是最具超前思考的商業領袖了,每一件產品都被他變為了藝術品,引領潮流,同時也會引起產業的跟風。

在iPad2的發表會上,賈伯斯有一番話讓人叫絕,他說:「現在有很多傢伙都湧進了平板市場,他們把平板當作下一個PC來看待。軟體、硬體由不同的公司來完成,他們喜歡談論速度,就像討論PC時一樣。但是,在我們的身體裡,每一

根骨頭都在說,這種思維完全不對。」

對嗎?這要經過事實驗證。

iPad1 的降價風潮波及了中國市場。iPad1 在 Apple(中國)線上商店中最低售價從 3,988 元降到了 2,888 元,由於 iPad1 的降價,中國很多平板電腦企業很「憤怒」,直言「蘋果是在斷同業的路」。

憤怒沒有任何價值。在市場全球化的今天,思維方式越來越重要。世界上沒有過時的科技,只有落後的思維。

所以,有超前思考的賈伯斯說準了,以做 PC 的思維來做平板電腦確實是錯誤的!這種思維太落後了。

華碩集團董事長施崇棠說:賈伯斯的超前思考在科技業界數一數二。蘋果的產品設計向來是從使用者的立場出發,而並非「工程師設計給工程師用的」。賈伯斯在短期之內歸隊與否對蘋果影響並不會很大,但就長期而言,如果賈伯斯不再繼續參與蘋果未來產品的建構過程,恐怕會對其產品未來的競爭力產生一定程度的負面影響。因為沒有了賈伯斯的創新思維,蘋果可能很難掌握消費者所需求的關鍵點,以此為設計本源使其產品屢獲成功。

這段話與其說是在強調賈伯斯對蘋果的重要性,不如說是在強調超前思考的重要性。對一個企業來講,超前思考決定了其未來的發展;對一個人來說,超前思考會讓其少走彎

路，從而最大限度地實現自己的人生價值和社會價值。

的確如此，賈伯斯並沒有創造圖形使用者介面，也沒有發明滑鼠，但是他卻是將圖形使用者介面和滑鼠引入電腦中的第一人。在 Macintosh 電腦推出 24 年之後，我們使用的輸入方式與當時相比仍沒有太大變化。這都是超前思考的功勞。

那作為平常的我們，能否擁有超前思考呢？這種能力怎樣去培養？其實，我們從賈伯斯身上，可以總結出 6 條培養超前思考的方法：

1. 兜售夢想，而非產品。賈伯斯從不認為自己在單純地生產某種漂亮的商品，他也從不把蘋果產品的購買者看作單純的「消費者」，而是把他們看成是一些懷抱夢想、希望和雄心壯志的人。蘋果公司的產品旨在幫助消費者實現夢想。

2. 啟用你的大腦。沒有創造力和想像力，何談超前？用心體會用心思考，賈伯斯相信人生經歷越豐富，越能理解人的各種體驗。

3. 做自己喜歡的事情。賈伯斯一生都在追隨內心的指引，正如他所說，熱愛才能成就一番偉業。

4. 學會說「不」。機會可能成千上萬，你只能選擇一個。從 iPod 或 iPhone 的設計、蘋果產品的包裝或蘋果公司網站的設計上看，都是簡約風格。

5. 學會講故事。賈伯斯恐怕是世界上最會講故事的商業領袖了。就算你擁有世界上最超前的技術，可如果不能讓大家接受，再超前也沒有用。很多大老闆都是講故事的高手。
6. 創造神奇體驗。賈伯斯一向將「酷」進行到底，蘋果專賣店就是他的得意之作。這種神奇體驗維繫了與顧客間深入長久的情感紐帶，使其成為全球最佳零售商。

非同凡響、特立獨行，賈伯斯的創新精神和他獨特的設計理念使之始終走在時代的前沿。他永遠活在未來，能夠明確指出明天的方向。

# 10　時間有限，為自己而活

　　人生短暫，在人生的旅途中，你是自己唯一的船長，千萬不要讓別人駕馭你的生命之舟。只有大膽走自己的路，不盲目跟風，才能做出一番值得稱道的成績。

## 人生短暫，不要重複別人的路

我們大多數人都會犯這樣的錯，不敢堅持自己的觀點，不敢標新立異，不敢與眾不同，總是對自己的夢想抱懷疑的態度，而對別人的夢想偏愛有加。當我們看到別人都在追逐同一個夢想時，就會忍不住想：「我的方向是不是錯了？我的夢想是不是太不切實際了？」於是，猶豫再三，終於還是決定跟著別人的腳步走，空擲青春，虛耗精力。

古往今來，所有的成功者，都是勇於突破常規、特立獨行的人，他們不盲目追隨，大膽跟著自己的選擇走，終成一番偉業；而那些成功的企業，也都是因與眾不同才脫穎而出的。賈伯斯和他的皮克斯不正是最好的例子嗎？

皮克斯一度虧損差點關門，它是如何用 20 年的時間，成為顛覆好萊塢電影和震撼世界的創新典範的呢？

這要歸功於賈伯斯，他為皮克斯奠定了獨一無二的企業文化。皮克斯最著名的企業文化是「以下犯上」。更準確地說，在創作領域，皮克斯內部完全沒有「上下尊卑」的概念。如果你看過《怪獸電力公司》DVD 花絮，你一定會極其羨慕皮克斯的工作環境，那裡到處都是稀奇古怪的玩具和非常另類的員工。在這裡，任何一個普通動畫師都可以提出創意供大家討論，總之，你在這裡見到的跟別處大不一樣。

1995 年，皮克斯推出動畫電影史上第一部全部採用 CG 技術的動畫長片《玩具總動員》，它同時也成為電影史上第一部獲得奧斯卡最佳原創劇本提名的卡通片，並被美國電影協會選入 100 部最偉大的美國電影。人們對這家公司充滿了新奇感，1999 年，《時代》週刊記者 Cathy Booth 和 Richmond，帶著新奇感參觀了皮克斯動畫工作室。

「在名為 Frogtown 的辦公室裡，技術長一邊津津有味地嚼著蔬菜捲餅乾，一邊盯著電腦發呆，他正在思考女牛仔翠絲的情感變化，翠絲是《玩具總動員 2》裡胡迪的新助手。穿過 Bugville 大街，在奧斯卡最佳動畫導演約翰·拉塞特的辦公室裡，堆放了 200 多件各式玩偶，而這位偉大的導演正在努力阻止他的 4 個孩子撕扯胡迪的玩具人偶。在 Batcave 大廳裡，皮克斯的老闆賈伯斯正在面試新員工，這位有名的老闆穿著短 T，光著大腳丫，斜倚在辦公桌上；再過一會，一個曾經的馬戲團魔術師將帶領一些觀光者參觀皮克斯公司總部，他們將會路過新任財務總監的辦公室，這位新任總監正在利用午餐時間學習製作一個玩偶模型……」

這就是 Cathy Booth 和 Richmond 參觀皮克斯後的描述，皮克斯另類的行事風格讓他們嘖嘖稱奇。

《海底總動員》導演安德魯·斯坦頓（Andrew Stanton）說：「什麼中層、下層、部門、主管，這些詞我們通通沒有，這就是我們獨一無二的地方。」

對很多人而言，皮克斯是在 1995 年藉助《玩具總動員》而一夜成名的。事實上，皮克斯的崛起之路要漫長並艱辛得多。皮克斯的傳奇是一群執著於技術、執著於改變世界的「劍客」的故事——如賈伯斯、拉塞特、卡特姆，他們超越傳統規則，藐視權威，手持長劍在傳統疆域中左突右殺，終於建立起屬於自己的動畫帝國。

1991 年，處在困境中的皮克斯得到迪士尼的投資，單獨製作一部 3D 動畫長片——《玩具總動員》。「我們要製作的不是《白雪公主》、《美女與野獸》那樣的電影，我們要做的是一部和迪士尼完全不同的電影。」拉塞特如此說道。

對，要與眾不同，就如賈伯斯從來都是按照自己的意願行事一樣，皮克斯也不要重複迪士尼的道路，儘管迪士尼如此成功。非同凡響正是賈伯斯追求的，這也與他的創新精神是一致的。

獨一無二，所以賈伯斯成為了「教父」級人物，皮克斯是動畫電影界的翹楚，蘋果公司也是憑藉這一點而浴火重生的。這就是成功。正如賈伯斯在史丹佛大學所說：「時間很有限，不要將其浪費在重複其他人的生活上。」只有大膽走自己的路，不盲目跟風，才能做出一番值得稱道的成績。

記住，在人生的旅途中，你是自己唯一的船長，千萬不要讓別人駕駛你的生命之舟。你才是舵手，只有你才可以決

定自己何去何從。人生的旅途十分短暫,要珍惜自己所擁有的選擇權和決策權。別人的意見可以參考,但是,千萬不要隨波逐流、盲目跟風。只有主動的人才能在瞬息萬變的競爭環境中贏得成功。

## 必須在某些方面突出你的專長

如果讓我們舉出一個追求完美的人物來，有誰會比賈伯斯更恰當呢？有媒體評價他說：「也許賈伯斯根本無意占有全世界。對他來說，有些東西比統治世界更重要，比如完美。」

蘋果公司曾經有過一個迥異的 iPhone 包裝設計。當時，離產品上市已為時不遠，甚至沒有時間再做改動，大家都覺得這件事情已經定案了。但是，在一個星期一的清晨，賈伯斯對研發人員說：「我就是不喜歡這個東西。我無法說服我自己愛上這個玩意。」所有人都明白這是什麼意思，於是，按下了重啟鍵。研發人員立即重新回顧他們曾做過的無數款模型機及有過的想法，從中再進行選擇和改善。最終，設計出人們今天看到的 iPhone。

「這個過程如同去地獄轉了一遭。」賈伯斯事後這樣說道。實際上，這種事發生的頻率要比人們想像的多得多，因為「這不僅僅是工程學和科學，也是藝術」。正是因為賈伯斯「殘酷的完美主義」，才再次讓蘋果大獲成功。

每個蘋果員工都必須牢記，蘋果是追求完美的公司，不允許有「合格」、「很好」，要「最好」才行。尤其在產品設計

方面,蘋果比其他任何一家公司都更加注重。像微軟這樣的公司向來不善於打造讓人賞心悅目的產品,而蘋果才是真正地在做設計──了解消費者的需求,懂得如何滿足消費者的需求,不計成本地實現這些目標。

2009年《財星》雜誌評賈伯斯為十年最佳CEO:企業家若能重塑任何一個市場,已堪稱畢生成就,如亨利·福特改革汽車生產工序等。然而,能夠同時改變4大現有市場,賈伯斯則是史無前例的第一人。

曾將賈伯斯踢出蘋果的約翰·史考利後來接受採訪說,賈伯斯是一個追求極致完美的人:「他(賈伯斯)一直不斷強迫大家提高自我期待,研發人員之所以能製作出超乎自己想像的作品,一方面是他用高度的魅力激勵大家,讓他們覺得自己與眾不同;一方面在於他殘酷地否決大家的工作,直到他認為產品已經達到足夠完美的程度。他就是這麼要求Macintosh的。」

賈伯斯的辦公室擺了一塊白板。他沒繪畫的特長,但是他卻擁有非凡的品味。

這也是賈伯斯與其他人的區別所在。比爾蓋茲也是個天才,但是對高品味從來沒什麼興趣,他的興趣在於搶占市場。賈伯斯從不這樣,他極力追求完美,願意抓住任何機會嘗試新領域的產品,不過,他總是從設計師的觀點出發。

許多CEO都很偉大，他們有的擅長財務，有的擅長談判，有的擅長鼓舞人心，賈伯斯則是一個超凡脫俗的設計者。蘋果的一切都能透過設計來解讀。

的確，賈伯斯沒有超凡的技術，也不擅長控制成本，人際關係更糟糕，可他追求完美，在設計美感方面，沒人能超越他。iMac，iPod，iPhone，iPad，雖然服務於不同的目的和市場，但它們有著賈伯斯的一貫原則，如簡潔、優雅、感官與功能的雙重享受等。

而最終，這些產品都統一在iTunes的平臺之下。此時人們才發現一切如此順理成章，好像這些產品並不是獨立生產出來的，而彷彿是在賈伯斯腦海中預先存在一張完整的拼圖，被打亂了以後，又以最合適的順序和布局一片一片地呈現出來。你會發現，每一片奇形怪狀的小碎片都在它該在的地方。

也許在其他方面，賈伯斯很受詬病，但在設計美學領域，沒人可以否認他的能力。這是賈伯斯致勝的法寶。

每個人都有自己的長處，不過，很多人往往一時很難弄清楚自己的興趣所在或擅長什麼，這就需要我們在實際工作和生活中要善於發現自己、認識自己，不斷地了解自己能做什麼，不能做什麼，知道了自己的長處，就把注意力集中到這一點，考慮一下在實際工作中如何發揮這些長處。如此才

能揚長避短，進而成就大事。

賈伯斯儼然「蘋果教」教主，左右著全世界蘋果愛好者的心跳，他的一舉一動都會引起極大的關注。而蘋果電腦的另一個創始人史蒂夫・沃茲尼克卻似乎從大家的視線中消失了。關於他的新聞寥寥無幾，不過曾有新聞說他半夜在商場外排隊等著買 iPhone。賈伯斯與沃茲尼克曾是老友，當時看來，兩人的組合堪稱完美：賈伯斯是行銷天才、商業天才，頭腦中充斥著異想；而沃茲尼克在技術開發方面造詣奇高，造出了世界上第一臺將電路板、打字機鍵盤和顯示器組合的個人電腦。簡單地說，沃茲尼克能夠恰如其分地將賈伯斯那些異想天開的使用者體驗構思變成客戶面前實實在在的東西。

Apple I 和 Apple II 都取得了商業上前所未有的成功，但因為性格和理念上的不同，兩位好朋友終於分道揚鑣。一件小事清楚地展現了兩個人的差別。賈伯斯在雅達利公司工作時，曾力邀沃茲尼克幫自己設計一款遊戲，約定事成之後獎金平分。成功後賈伯斯說獎金為 700 美元，因此分給沃茲尼克 350 美元。但一年後，在一次偶然的機會中，沃茲尼克從雅達利的一名工作人員口中得知，當時報酬其實有 1,000 多美元，他傷心地哭了。而賈伯斯聽到這件事時，抓起電話向沃茲尼克咆哮：「我根本不記得有這件事情。」沃茲尼克在自傳《科技頑童沃茲尼克》(*iWoz*) 中寫道：在我心中，道德至

高無上，至今我仍不明白他為何對我撒謊⋯⋯我們曾經一度有共同的理想，在建立蘋果電腦公司時達到極致，但我們始終是不同的人，從開始就是。

在沃茲尼克心中，歡笑的人生遠比管理權重要得多。賈伯斯和沃茲尼克是這樣一對「好兄弟」：賈伯斯畢生致力於管理公司，用各種手段激起消費者的欲望，創造盈利奇蹟；而沃茲尼克言談幽默，愛好技術，對企業管理毫無興趣。

對沃茲尼克來說，他只想做一名純粹的工程師，技術是他的最大愛好，能為他帶來刺激，他對商業、對市場興趣不高。不過，事實也證明沃茲尼克沒有賈伯斯那種商業頭腦。

賈伯斯在商業與審美上的洞察力使他被奉為神，但沃茲尼克卻是一個為技術發狂的老男孩，並樂在其中。談及過去的成功，沃茲尼克說：「我非常幸運，快樂的鑰匙來到我手中，能夠讓自己一生保持快樂。成功完全是偶然的，我想許多人都碰不到。它有點像宗教，突然進入你的頭腦。我所能知道的就是相信自己很優秀，對自己有一個美好的信念，另外我還知道自己與眾不同。」

在常人眼裡，沃茲尼克比不上賈伯斯成功，但他知道自己的長處在哪裡，尤其是在創立蘋果電腦公司時，他在技術上的天賦得到了最大的發揮。而在蘋果電腦公司成功後，他卻選擇了離開，因為他覺得自己討厭那種權力鬥爭，在那種

情形下,他的天賦不但得不到發揮,他的人生樂趣也被剝奪了。所以,他果斷離開了蘋果,選擇自己熱愛並擅長的技術工作,這何嘗不是一種成功呢?

人生的訣竅在於經營自己的長處,找到發揮自己優勢的最佳位置。每個人都有自己的長處。如果你能經營自己的長處,就會幫你的生命增值;如果你經營自己的短處,那會使你的人生貶值。只要你善於發掘、發揮自己的優勢,經營自己的長處,就能找到發展自己的道路,創造美好的人生。

## 不斷挑戰自己才能超越別人

在長江後浪推前浪，一代新人換舊人的今天，無論在任何條件下，誰都沒有理由狂妄或妄自菲薄，只有勇於挑戰自己，才能超越別人，獲得成功。

強者都是喜歡挑戰自我的人，要想不當半途睡覺的兔子，要想與時俱進，要想超越別人，就必須時刻勇於挑戰自我，比別人多下功夫，如果能做到這些，無論多強大的對手，都能將其甩在身後，賈伯斯就是鐵證。

蘋果可是紅透了半邊天，可卻又像一個謎。《紐約客》(The New Yorker) 有一篇文章這麼形容蘋果：「蘋果，是知識的象徵，被咬了一口，是欲望的符號，還有彩虹──但顏色不一樣。知識、欲望、希望、無政府主義，一個公司被這麼多符號和象徵給籠罩著，能不神祕嗎？」

賈伯斯也是個謎。關於他的報導和傳記鋪天蓋地，卻總是如霧裡看花。但他的影響力仍舊在與日俱增，一位科技公司董事長曾在 2011 年的一次採訪中說：賈伯斯從 1975 年出道到今天，工作了 35 年──最近這 3 年彷彿是把 35 年的功力一掌擊出──他用一款 iPhone 幹掉了 Nokia，再回過身來用 iPad 對微軟和英特爾發起大衝擊，如果算上之前用 iPod 超越索尼。這幾個產品只是孤立地看，也不覺得別人想不出

來,但賈伯斯就好像進入了「飛花摘葉,皆可傷人」的境界。跟他的這些創新相比,我們現在做事的格調都還不夠理想。

不錯,賈伯斯那種獨霸天下的挑戰精神,常人無法企及。在賈伯斯眼裡,沒有他做不到的事,越是有難度的事,他越喜歡。而且,他喜歡超越,只當第一,不當第二。

2011年6月7日,賈伯斯在全球開發者大會上公布一款線上雲端儲存服務iCloud,它能讓使用者更便捷地分享手持設備和桌面電腦之間的音樂、電子郵件及其他資料。該服務試圖藉助雲端運算的力量和靈活性吸引家庭使用者,採用廣受企業歡迎的技術在多款設備和應用之間順利傳輸儲存在蘋果伺服器上的資料。此產品2011年7月開始銷售,售價29.99美元。iOS新功能包括一個書報攤和iPad上的標籤瀏覽。

iCloud是對Google系列雲端產品的直接挑戰,其中包括Gmail、Calendar、Picasa和Google Docs。iCloud允許使用者在不同設備上查看並編輯相同的文件或者照片。一場不見硝煙的戰爭緊鑼密鼓地進行著,隨著Google推出新的小筆電作業系統及開發自己的智慧型手機軟體,同時蘋果也想在行動廣告市場分一杯羹,蘋果與Google之間的競爭越來越激烈。

賈伯斯已經取得的成績是有目共睹的,而這些成績的取得在於他勇於挑戰自己,只要他認為可行的事,他就會去做,無論遇到什麼樣的困難。

其實，一個人最大的敵人，不是別人，而是自己。一個想要成功的人，要想不被淘汰，就必須勇於挑戰自己。

蘋果公司和富士康在業務上有合作關係，富士康執行長郭台銘表示，蘋果與富士康之間的關係遠遠超出了一個消費品牌與合約製造商的合作契約關係，事實上，兩者是親密的合作夥伴關係。他表示，為蘋果公司製造 iPhone 和 iPad 的過程是非常具有挑戰性的，除去生產過程要求極高，還常常需要新工藝的開發。郭台銘非常推崇賈伯斯，甚至用了偉人來形容賈伯斯在事業上的偉大。在談及賈伯斯本人時，郭台銘說，儘管他已身患重病，但仍然喜歡挑戰自己，為新產品和新技術的發展而努力。

在我們看到成功者的豐功偉業時，更要看到他們背後那種勇於挑戰的精神，這對我們來說是最寶貴的。我們必須要以積極進取的學習態度去努力提升自我，以勇於挑戰的創新意識去超越自我。

不要再猶猶豫豫地問自己：「開始做好呢？還是不去嘗試好呢？你不挑戰，什麼都不會改變！

你畏縮不前的思想的產生，相當程度上來自對事情的逃避，但當你挑戰了自己的極限，或者哪怕是走出小小的一步，你都會信心倍增，越來越自信。果斷行動吧，不斷挑戰自己，最終戰勝困難的時候，你會發現：你已卓越。

## 把時間花在值得做的事情上

做最重要的事，因為時間寶貴，把時間花在值得做的事情上，像賈伯斯那樣，擺脫世俗的障礙，不循規蹈矩，做真正值得去做的事，丟臉與否就扔給那些世俗的垃圾堆吧。

理清你的時間，只要你肯，就是一條卓有成效之路。奇異公司前CEO傑克·威爾許（Jack Welch）非常重視時間管理，他認為，並非所有的事情都值得花時間去做：「有人告訴我，他一週工作90小時，我會說，你完全錯了，寫下20件讓你每週忙碌90小時的工作，當你仔細審視後，你將會發現，其中至少有10項工作是沒有意義的，或是可以請人代勞的。」

把時間和精力花在最值得做的事情上，這種方法能讓你做出正確選擇，而不會被瑣事干擾。如果你養成了只做重要事情的習慣，就等於獲得了比別人多出一倍以上的時間，而且，做起事情來會事半功倍。賈伯斯就是這一理念的踐行者。每一天工作之前，賈伯斯都要先問自己：「今天最重要的事情是什麼？」確定了最重要的事情是什麼後，賈伯斯就心無旁鶩地專心做這件事情，並且，根據他的「殘酷的完美主義」，這個「最重要的事情」一定要得到最完美的解決。如果連續幾天都找不到「重要的」事情可做，那一定是某個環節出了問題，一定是有些地方需要改變了。

眾所周知，蘋果的員工工作效率都是世界一流的，這很大一部分要歸功於最高領導者賈伯斯的工作效率。工作效率最高的人，是那些對無足輕重之事無動於衷卻對那些重要之事無法無動於衷的人。賈伯斯在工作中完全秉承了「要事第一」的原則。試想，如果一個人每天都在做自己人生最重要的事，而另一個人卻每天都在做與自己人生無關緊要的事，那他們所擁有的人生價值可能會一樣嗎？

在賈伯斯的工作安排上，招攬頂級人才就是最重要的事情之一，為此，他曾「叫囂」道：「人要麼是天才，要麼是笨蛋。我最喜歡的是日本百樂（PILOT）鋼筆，其他的所有鋼筆都是垃圾。除了麥金塔小組的成員，這個產業的其他所有人都是笨蛋！員工的才華是公司最大的競爭優勢，為吸收世界上最優秀的人才，我所做的每一件事都是值得的。」

賈伯斯說，他大約把四分之一的時間用在招募人才上。這一點引起了人們的質疑，因為「這似乎很浪費時間」。「確實是這樣，」賈伯斯說，「我們面試的 10 個員工中有 9 個候選人都是非常棒的，只有 1 個員工所申請的職位是不合適的，因此我們就不會僱用他。這個過程很辛苦，也非常耗費時間，並且如果沒有正確的管理可能導致真正的問題。但是整體而言，這是一個非常好的辦法。這不是浪費時間，這很有意義，值得你花費時間。」

但很多人還是存有異議，他們認為：「管理人員可能並不總有時間去面試其他人。」

對此，賈伯斯回答說：「我完全不同意。我認為這是最重要的工作，絕對值得花時間去做。假設你在運作自己的新公司並希望找到一名合作夥伴。那麼你將花費大量時間用於尋找合作夥伴，對不對？因為這名合作夥伴將成為你公司的另一半。為什麼應該花費更少的時間來尋找 1/3、1/4 或 1/5 的公司的員工呢？當你建立一家新公司時，一開始的 10 個人將會決定公司的成敗。每一個人都是公司的 10%。因此，為什麼不盡可能地花更多的時間來找到所有的 A 級員工呢？如果其中的 3 個人不夠好，那麼一個公司 30% 的員工就都不夠優秀。小公司比大公司更多地依賴於優秀員工。」

蘋果公司匯聚了來自世界各地的頂級人才，令其他公司垂涎三尺，難怪賈伯斯要自豪地說：「和天才一起工作，是一件非常快樂的事情。」當然，頂級的人才自然帶來頂級的產品。「蘋果的產品總被視為藝術品，而它們的創造者——蘋果的員工們，也頗有藝術家的特質，每個工程師都是大才，都個性十足。」

不過，有時候我們並不清楚最重要的事情是什麼，所有的事情有時看起來都很重要，但如果這是你生命中最後的一天，你會做什麼？你還會在意那些世俗的眼光嗎？在這最後

的時刻，你仍會放棄自己真正想做的事情而迎合世俗的看法嗎？不會。作為一個聲名顯赫的人，在巨大的壓力面前，賈伯斯正是用這種辦法來調整自己。他說：「提醒自己很快將死去，是我所掌握的有助於我做出人生重要抉擇的最重要的一個工具。」

不僅如此，每當賈伯斯遇到一些棘手的事情而心煩意亂時，他會馬上告訴自己：最重要的事情是立刻排除這種不良情緒，而不是其他任何事情。對於如何排除這種不良情緒，賈伯斯有獨門絕招。他常常仿效僧侶的修行方式，進行靜坐和冥思，以排除思想雜念，進入空靈世界。雖然這些宗教思想並未完全解開賈伯斯心中的謎團，但賈伯斯卻從中受益良多，宗教中的修行方式成了他進行精神調節的重要手段。每當賈伯斯感覺心靈失控時，他就透過這種方式來調整自己的心靈，並且，每當賈伯斯找不到設計的靈感時，他也用這種冥思的方法來幫助自己。正因為如此，賈伯斯很清楚自己想要的是什麼，並且能將思想集中於它，所以他總是精力充沛，創新的靈感源源不斷。

這些有效的精神調節方式使賈伯斯能專注於最重要的事情而不至於分心，因而能更好更有效地處理所遇到的問題，這也是賈伯斯被評選為世界上最優秀的執行長的關鍵原因所在。

「要事第一」，在賈伯斯這種管理理念的貫穿下，蘋果電

腦公司走出了失敗的陰影，進入了發展的高潮，用一句媒體的評論來說：「蘋果電腦公司本應該和數百家依靠自己專利技術的早期電腦公司一起被扔進二手交易市場，但是，幾十年來，它卻依靠自己的技術活了下來並且變得日漸強大，開創出了全新的電腦和電子消費產品市場，而且這一市場比它在1970年代開拓的個人電腦市場要大得多。」

這樣的結果是如此令人難以置信，但卻又是如此順理成章，透過賈伯斯的做事風格我們就知道。「在我看來，所有事情——人們對你的種種期待，所有的驕傲，對失敗或難堪的強烈畏懼，都將在死亡面前淡去，留下對自己來說真正重要的東西。」永遠做最重要的事，想像如果今天是生命中最後的一天，誰還會在乎那些世俗的眼光？如果我們能在日常工作和生活中意識到這一點，那還有什麼能成為我們發展的阻礙呢？

做最重要的事情，絕不花時間從事不值得的活動。

這個方法人人都應該去嘗試，每天寫出你必須要完成的 6 項最重要的事情，並按照重要性排列，先專心做完第一件，然後做第二件。只需要一個月，你就會發現，你的學習或工作效率不知提高了多少倍，你居然完成了許多人看起來要花兩三個月才能做完的事情，而且時間也突然變得好像用不完一樣。如果你想體驗這種感覺，那麼，請立刻行動。

## 工作要用心，不做工作以外的事

如果你的工作真的不適合你，你可以選擇離開。但在此之前，你要問自己，這份工作是真的不適合你嗎？你是否用心去做並全力以赴地去改善這一狀況呢？你離開只不過是在逃避？

有一個寓言故事：一隻小老鼠剛剛出生不久，老鼠媽媽就問小老鼠說：「你現在能看見東西了嗎？」小老鼠說：「我能了。」老鼠媽媽說：「那你能看到前面的那塊蕃薯嗎？」小老鼠說：「是的，我能。」老鼠媽媽說：「但那只是一塊石頭。這說明你還看不見東西，而且你連嗅覺都還沒有。孩子，要用心，不然你活不下去。」

為什麼你不能在眾多的競爭者中脫穎而出？為什麼你的工作做得很平庸？為什麼你的業績沒有起色？反思一下，你是否存在以下的一個或幾個問題：你之前沒有想到這個工作，或一直在拖延；你責任心不強，認為這些並不重要；你應付上級；你不敢說真話；你喜歡逞能，常答應一些做不到的事情；你不能獨立工作。

檢討一下你的工作態度吧，正確的工作態度是勤奮而有責任感。只有擁有這兩點，你才具備了被賞識和信任的基礎。如果你將這兩點放到工作中去實踐，用心地做好每一件

事情,那麼你的「用心」會在你的工作中表現出來,而且當你在工作中逐漸表現出穩重、用心和責任感之時,好的工作機會會不請自來。用心的人,老闆都會看在眼裡的。

賈伯斯性格張狂、暴躁,曾是「辦公室裡最不受歡迎的人」,但是,無論是在惠普打工期間,還是在雅達利公司在職期間,儘管同事不喜歡他,可是他依舊受到了上司的青睞,他們對賈伯斯欣賞有加,認為他有前途。因為賈伯斯對待工作的那份用心和專注,還有那份精益求精的認真、對完美的追求,讓他們深受感動。

成功最重要的特質之一是認真。當年和賈伯斯同樣起步的年輕人有很多,可他們絕大多數最終都默默無聞,其中,有些人曾被認為是極具才能的。但是,有些人雖然不乏聰明才智,卻沒有把精力集中,而是將他們的聰明才智濫用到了其他地方,沒有把自己的時間、精力、才智全神貫注地用到工作中去。

所以,儘管賈伯斯有著很多令人厭煩的性格特點,但對於工作的用心和要求完美,使他成為人們的偶像。沒有人敢輕易說出挑戰比爾蓋茲的話來,特別是在電腦產業,但賈伯斯從來不服輸,他從來都是創新者、領袖,而對於微軟,賈伯斯說:「蘋果的產品再一次領先微軟 2 年到 3 年的時間,實際上微軟又在抄襲我們的產品了,你看微軟的 Longhorn 不是越來越像我們蘋果公司的產品了嗎?當然,這也是一件很有

意思的事情,我們蘋果已經成為了微軟廉價的研發中心。」

在創新領袖這一地位上,誰能與賈伯斯平分秋色呢?比爾蓋茲對這個位置也從來沒有發表過意見。創新是一件極具挑戰性的事情,如果賈伯斯沒有這樣堅持和用心的精神,恐怕是萬萬做不到的。

在1990年代,全世界掀起了網路熱潮,大家都覺得網路有著無限美好的未來,於是一窩蜂地創辦了網路公司,但是最終能夠堅持下來並取得勝利的卻屈指可數。原因何在呢?

有人指出,經營一個公司的模式不外兩種:一種是養豬模式,就是在公司做大之後賣掉套現,馬上得到利潤;另一種是養兒子模式,把公司當成自己的孩子,用心照顧「他」的成長,把其打造成百年老店。

顯而易見,賈伯斯在對蘋果的管理上是第二種,而且可以說是「養兒子」模式的典型且傑出的代表。只有把公司當成自己的孩子一樣養,才能用全部身心灌注其中,這樣即使「孩子」長大了也不會離開你。

這就是我們應該學習的地方,即使不開公司,也要用心對待自己的工作,用心投入其中,才能最大限度地發揮出自己的能力和素養,只有當你真正專注地做某件事情的時候,更多的靈感才會源源不斷地湧現在你腦海裡,這何嘗不是賈伯斯創新靈感不竭的一個很重要的原因呢?

不要妄想,以為一個人同時可以成就多種偉大事業,無論怎樣卓越的人,也絕不能做到!只有那些肯集中精力、全神貫注的人,才能實現真正的目標。而這樣的人,也必會得到上司的賞識,而他們的前途,真可謂一片光明。

## 不是每個人都需要種植自己的糧食

在你不名一文、默默無聞之際,面對機遇,你如何占領先機讓夢想照進現實?成功靠別人,我們的每一次進步,每一次成功,都或多或少、直接或間接地得益於別人創造的成果。換句話說,學會利用別人的經驗、技巧、產品或創意,借力使力,更容易成功,你沒必要去做所有的事情。

賈伯斯就是這方面的高手,他常說「並不是每個人都需要種植自己吃的糧食,也不是每個人都需要做自己穿的衣服,我們說著別人發明的語言⋯⋯我們一直在使用別人的成果。使用人類的已有經驗和知識來進行發明創造,這是一件很了不起的事情」。

這讓我們想起了那句被引用過千萬遍的、牛頓的最著名的話:「如果說我比別人看得更遠些,那是因為我站在了巨人的肩膀上。」對賈伯斯而言,「站在亞馬遜的肩膀上」,就是一次極其成功的經驗。

亞馬遜一直是閱讀器方面的領先者,但蘋果 iPad 的發布,使蘋果產品又一次成為媒體和大眾爭相追捧的焦點,而亞馬遜的產品幾乎被人忘到九霄雲外了。為何 iPad 如此受人迷戀呢?賈伯斯解釋說:「這個產品是建立在右腦思維的基礎

之上的,是人文技術與科學技術的交叉。」

但是,媒體議論的焦點還在於:蘋果利用了亞馬遜的閱讀器技術。

對此,賈伯斯倒顯得格外坦然,他還大方地承認:「我們是站在其肩膀上,推出了自己的新應用軟體:iBooks」

眾所周知,賈伯斯一貫發揚「海盜式」文化。「讓我們做海盜吧!」他常這樣煽動員工。他從來不認為利用別人的技術有什麼可恥的,他甚至說:「優秀的藝術家複製別人的作品,更優秀的藝術家則剽竊別人的作品。我們從不以剽竊別人的偉大作品為恥。」

其實,這是賈伯斯談起創新時說的兩句話,前一句話是畢卡索的格言,而後一句「我們從不以剽竊別人的偉大作品為恥」才是賈伯斯的原創。當然,賈伯斯不是讓人把別人的東西照抄過來,而是「剽竊」偉大作品的思想並加以運用。

賈伯斯常帶領研發人員去參觀博物館和看各種藝術展覽,在設計或建築方面對他們進行薰陶和教育。他曾經帶著麥金塔專案組參觀新藝術派設計大師路易斯‧康福特‧蒂芙尼(Louis Comfort Tiffany)的作品展;在 NeXT 時,賈伯斯還曾帶領一個小組去法蘭克‧洛伊‧萊特(Frank Lloyd Wright)位於賓夕法尼亞的流水別墅實地考察旅行,去「剽竊」這位偉大建築大師的設計。

在賈伯斯的「剽竊」名單上，有不少這種集藝術、商業之大成的高手，比如索尼、BMW 等。不過，賈伯斯對這些公司的產品越來越不滿，他譏諷說：「在汽車市場上，蘋果的市場占有率比 BMW、賓士或保時捷都大。BMW、賓士是怎麼回事？」

「剽竊」可能會引起很多人的誤解，以為那就是在剽竊他人的成果。實際上，賈伯斯所謂的「剽竊」，可沒有那麼容易，不是讓你去簡單複製，你要去理解那種精神，並且把那種精神轉變為自己的、偉大的創意和產品。

在職場中，平庸的員工常以井底之蛙的眼光看世界，他們也許很有實作精神，但難出成績，他們不懂得如何站在「巨人」的肩膀上，不知道怎樣搭上別人的「便車」，結果空耗了許多時間和精力。

正所謂磨刀不誤砍柴工，埋頭苦幹不如巧幹；勤奮是需要的，但更需要的是智慧！我們要具備大格局的視野，跳出思維的局限，「不需要去種植自己的糧食」，懂得藉助身邊資源，利用別人已經搭建好的平臺，大幅增進個人的生產力，取得更好的成績。

## 把每一天都當作生命中的最後一天

　　這個世界富足而慷慨，應有盡有。但是，只有一樣東西上天對誰都是吝嗇的，那就是時間。生命，就像空氣中的一縷輕煙，短暫而微不足道。如果你不加倍珍惜每一寸時光，把每一天都當作生命中的最後一天，你的人生將充滿遺憾。

　　一名重病患者正處於他生命的最後一刻，黑夜中，死神如期地來到他的身邊。他再三央求死神再給他幾分鐘的時間，讓他再最後看看這世界，讓他想想家人和朋友，讓他再做一件他還沒來得及做的事情……

　　死神斷然拒絕：因為這一切都留了足夠的時間給你去做，你卻沒有珍惜。不信看看你的人生紀錄表：「在 60 年的時間裡，你有 30 年在睡覺。而在其餘的時間裡，你曾嘆息時間過得太慢的次數是 1 萬次，包括你上學的課堂上、上班時間以及中年等待升遷上。你每天打麻將總共耗去了 6,500 小時，喝酒、應酬的時間也跟這個差不多。看電視、閒逛，在馬路上看人下棋、跟人閒聊，還有……」

　　死神還要念下去的時候，發現病人眼中的生命之火已經熄滅。不由長嘆一聲說：「如果你活著時能節約出 1 分鐘時間的話，你就能聽完我為你記下的紀錄表了。世人怎麼都這樣，總等不到我動手，就後悔死了……」

如果今天是你生命中的最後一天,你一定要抓住這寶貴的時間,想你該想的、做你該做的,付出你的真心、你的真愛、你的精力、你的大度、你的寬容,實現自己的夢想,成就自己的人生價值和社會價值,使生命不留遺憾!

賈伯斯是怎樣改變世界的?

「我 17 歲的時候,讀到了一句話:『如果你把每一天都當作生命中的最後一天去生活的話,那麼有一天你會發現你是正確的。』這句話給我留下了深刻印象。從那時候開始,過了 33 年,每天早上我都會對著鏡子問自己:『如果今天是生命中的最後一天,你會不會完成你今天想做的事情呢?』當答案連續很多次被給予『不』的時候,我知道自己需要改變某些事情了。」

不錯,賈伯斯就是這樣來生活的,用「最後一天」的心情去選擇下一步,他的愛情也是這樣結出果實的。

1985 年,賈伯斯被自己創立的蘋果公司掃地出門,可以想像當時對他的打擊有多大,但是賈伯斯沮喪了一段時期後,很快就振作起來了。

有一天,賈伯斯在一所大學做演講,但與他以往的滔滔不絕不同,他的思路有些混亂,他被臺下一位有著滿頭金髮的美麗女士給吸引住了。賈伯斯感覺被電到了。活動一結束,賈伯斯就去跟這位女士聊天,拿到了電話號碼,並將自

己家的電話號碼也給了她。

當然，賈伯斯開口約這位女士當天共進晚餐，但正好她還有其他事情，賈伯斯只好離開了。當賈伯斯準備去開車離開時，他問了自己一個「老問題」：「如果今天是我這輩子的最後一天，今天要做些什麼？我是要參加一次商業會議呢？還是要與這個女人在一起？」答案出來了，賈伯斯馬上跑回去，再次約這位女士共進晚餐。「好吧。」她答應了。「我們就這樣走在了一起，從此再也沒有分開。」賈伯斯後來在談及自己的家庭時這樣說道。這位美麗的女士，就是賈伯斯的妻子——勞倫娜。

「提醒自己快死了，是我在人生中面臨重大決定時所用的最重要的方法。因為幾乎每件事——所有外界期望、所有的名聲、所有對困窘或者失敗的恐懼——在面對死亡時，都消失了，只有最真實最重要的東西才會留下。」對於過去的成敗榮辱，對於自己的選擇，賈伯斯又說：「提醒自己快死了，是我所知的避免掉入畏懼失去的陷阱裡最好的方法。人生不帶來、死不帶去，沒理由不能順心而為。」

賈伯斯是個另類。他總是那麼精力充沛，在他所關注的領域，總能提出很高而又能夠實現的標竿，而賈伯斯仍說：「太多的事情令人感到遺憾，但是最大的遺憾莫過於那些你沒去做的事情。如果我能早點明白現在才明白的道理，我就可

以把事情做得更好些,但是這又怎麼樣呢?關鍵是要把握好現在。生命是短暫的,不久以後我們都將走到盡頭,這就是現實。」

這就是現實。你要把今天當作生命中的最後一天。憎恨那些浪費時間的行為,要以真誠埋葬懷疑,用信心驅趕恐懼,今天就是你最後的機會。

我們也靜下心來,問自己「如果今天是我這輩子的最後一天,我今天要做些什麼?」用「最後一天」的心情去選擇下一步,我們會更有方向,會讓時間過得更有價值。

一個駱駝商隊在沙漠裡行走,突然空中傳來一個遙遠而神祕的聲音:「抓一把沙礫放在口袋裡吧,它會成為金子。」有人根本不信;有人將信將疑,抓了一把放在口袋裡;有人完全相信,盡可能地抓了一把把沙礫放在口袋裡。旅途在繼續,沒帶沙礫的走得很輕鬆,而帶沙礫的則走得很沉重。時間一天天過去,他們走出了沙漠,帶了沙礫的人打開口袋一看:那些粗糙沉重的沙礫都變成了黃燦燦的金子!這個故事的寓意何在?其寓意在於:在每個人漫長而又短暫的一生中,時間就像是地上的沙礫,唯有惜時如金的人,才能將這些普通的粗糙的沙礫變成可貴的金子。浪費時間的人貌似輕鬆瀟灑,其實他的生命如沙礫一樣黯淡粗糙,無半點光輝可言。

問問你自己:今天抓了多少沙礫放在口袋裡?

# 跋

勇於打破規則的束縛,勇於實踐自己的各種新想法,未來就有無限可能。

跋

# 來自引領科技新潮流的王者賈伯斯的啟示

　　雖然賈伯斯在 2011 年 10 月 5 日離開了我們，但他在美國乃至全世界，依然被人們視為美國式的英雄。賈伯斯是蘋果公司的靈魂式人物，從他充滿傳奇的人生經歷中，我們能體會出一個人要取得成功、實現夢想，一定會經過許多磨礪，且這期間一定矛盾重重、錯誤百出，面臨各種挑戰。

　　事實上，我們大多數人都是在傳統教育下成長的，很少對已存在的各種規則、權威提出異議或反對意見。也許從我們內心來講，並不完全贊同這些，但是很少有人有勇氣站出來說出自己真正的想法，因為那樣「不合時宜」的想法會讓我們被孤立，被人當成另類，被人嘲笑，阻力如此之大，以致我們恐懼自己不會成功，更恐懼失敗後被別人當成傻瓜。

　　賈伯斯不會讓自己在別人制定的規則下按部就班地過日子，他不管什麼技術約束、規則束縛，他要的是打破所有的阻礙，他要的是自己去創造，創造新的東西，而他的一系列實踐也證明，只要勇於突破思維局限，勇於打破規則的束縛，勇於實踐自己的各種新想法，未來就有無限可能。這正是賈伯斯帶給我們的啟示。

來自引領科技新潮流的王者賈伯斯的啟示

賈伯斯是一個有著鮮明直覺思維的人，無論在做人還是做事方面，他都讓直覺引領自己前行。這告訴我們：認識世界的方式有很多，我們所經歷的人生中的一點一滴，都是對世界的認識，只要我們正確認識自己的內心，及時總結，善於聯想，就能從另一個角度接近真理。

所有的偉人都不是完美的，賈伯斯也不例外。他性格暴躁，有著極強的控制欲，難與人相處。但賈伯斯的偉大之處就在於他將自己的性格特點成功轉化為自己的優勢，人們從他的轉化過程中，看到了他的睿智，看到了他的成熟。成熟的真正定義並不在於改變，而在於「點石成金」，為自己的性格特點以智慧的指引，保持真正的本性才是一個人競爭力的最大來源。

用跌宕起伏來形容賈伯斯的人生經歷再貼切不過了，但無論面對怎樣的挫折，賈伯斯都沒有放棄自己，他決意證明自己的價值，實現自己的夢想──改變世界。這些事實告訴我們，沒人能幫助你改寫命運，每個人都應做自己的拯救者，而不要做個可憐蟲。遇到挫折要迎難而上，因為沒人會去同情你，你得到的只是鄙視。要做一個真正的強者，擁有一個強大的內心，時刻相信自己，有夢想，有勇氣，不把一次次的失敗放在眼裡，不達目的永不罷休。

現實生活中，許多人在現實的一次次打擊下，逐漸喪失

自我，妄圖不斷改變自己以接受這一次次打擊，他們開始懂得隨機應變、見風使舵，不再堅持自己的原則，變得逆來順受，一味遷就現實。殊不知在這一次次毫無原則的改變下，有些人正一點點地迷失自我，他們失去了自己的率真本性，接受社會中的約定俗成和權威，結果失去了奮鬥的目標，不知道自己的人生方向在哪裡，更丟掉了內在的精神動力，變得毫無鬥志，目光短淺，人生就這樣毫無意義地消耗了。

賈伯斯是一個勇於實踐的人，因為他知道只會喊口號的人是做不出一番偉業的。每當有了新的想法，賈伯斯都會努力付諸實施，而不會聽從所謂分析家、評論家的意見，如果他聽從了那些人的意見，恐怕就不會有蘋果專賣店的出現了。沒人能把真理全部握在自己手裡，更不可迷信權威，親身實踐不僅是我們認識世界的有效方式，也是我們贏得機遇的重要手段，不去大膽嘗試，就沒有成功的希望。

坐在家中機遇就找上門來的事情是不可能發生的，機遇是在我們一次次的嘗試和實踐中不斷閃現的。也許嘗試會讓我們覺得冒險，對於失敗的恐懼讓我們放棄了無數嘗試和實踐的機會，然而，你知道嗎，不冒險才是人生最大的冒險？嘗試當然有失敗的可能，但是不嘗試如何能有收穫？不嘗試怎麼能有進步？不做也許可以免受挫折，但是也失去了學習或者愛的機會。一個把自己置於牢籠中的人，是生活的奴隸，這無異於喪失了生活的自由。只有勇於嘗試的人，才擁

有生活的自由,才能衝破人生難關。

「沒有人知道賈伯斯的盒子裡裝著哪種顏色的巧克力,」曾負責 iPod 部門的東尼・法德爾(Tony Fadell)說,「他不在乎輸贏,只想做出點新名堂,因為他是賈伯斯。」

不要把任何事情視為理所當然的,不要做任何假設,不要盲目照搬,要以心靈的自由去發現真相。也許現實讓我們覺得有一種無力感,覺得自己被環境限制,而限制住我們的正是經驗、傳統知識等,所以,人們需要一種爆發力來突破局限,開發智慧之門,釋放無限睿智。這也正是賈伯斯對我們的啟示所在。以賈伯斯為楷模,讓我們有勇氣不糾結於目前的困境,不陷於自我懷疑或不自信的泥淖中,滿懷夢想,昂首向前。

國家圖書館出版品預行編目資料

賈伯斯的叛逆哲學，62 條離經叛道的成功祕訣：保持好奇 × 勇敢拒絕 × 海盜精神……看賈伯斯的設計哲學、商業戰略與顛覆性思維，谷底翻身創造商業神話！/ 郭曉斐 著 . -- 第一版 . -- 臺北市：樂律文化事業有限公司，2025.03
面； 公分
POD 版
ISBN 978-626-7644-71-3( 平裝 )
1.CST: 成功法 2.CST: 自我實現 3.CST: 生活指導
177.2　　114001842

電子書購買

爽讀 APP

臉書

賈伯斯的叛逆哲學，62 條離經叛道的成功祕訣：保持好奇 × 勇敢拒絕 × 海盜精神……看賈伯斯的設計哲學、商業戰略與顛覆性思維，谷底翻身創造商業神話！

作　　者：郭曉斐
責任編輯：高惠娟
發 行 人：黃振庭
出 版 者：樂律文化事業有限公司
發 行 者：崧博出版事業有限公司
E - m a i l：sonbookservice@gmail.com
粉 絲 頁：https://www.facebook.com/sonbookss/
網　　址：https://sonbook.net/
地　　址：台北市中正區重慶南路一段 61 號 8 樓
8F., No.61, Sec. 1, Chongqing S. Rd., Zhongzheng Dist., Taipei City 100, Taiwan
電　　話：(02) 2370-3310　　傳　　真：(02) 2388-1990
律師顧問：廣華律師事務所 張珮琦律師
定　　價：420 元
發行日期：2025 年 03 月第一版
◎本書以 POD 印製